ESTE LIBRO DE ACTIVIDADES PERTENECE A

. . . .

1

Uno

1 1 1 1

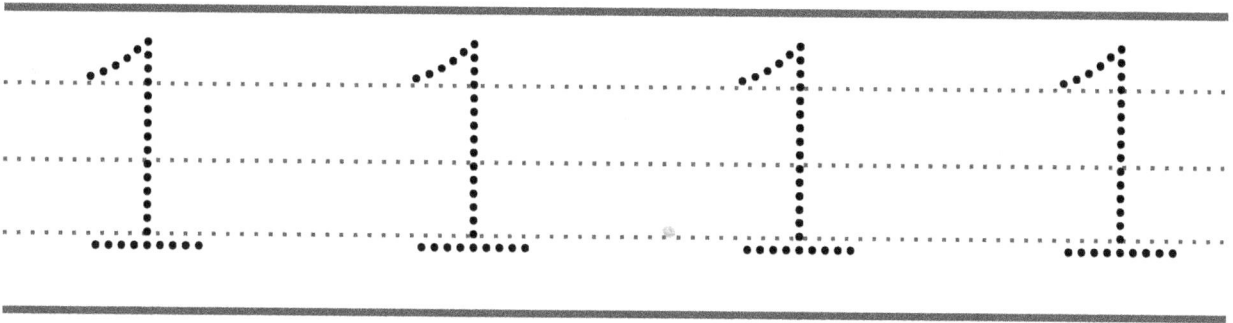

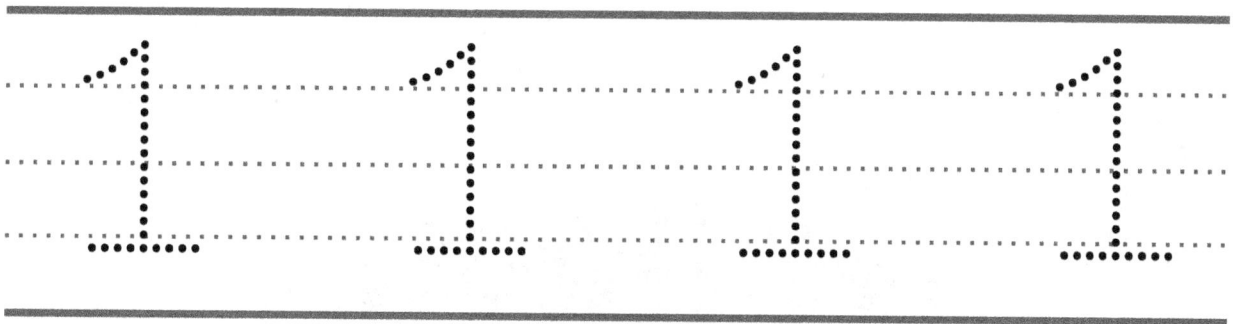

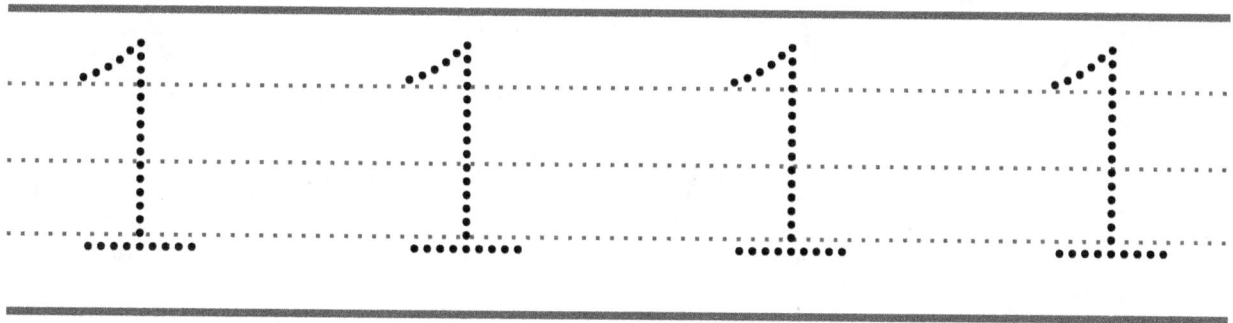

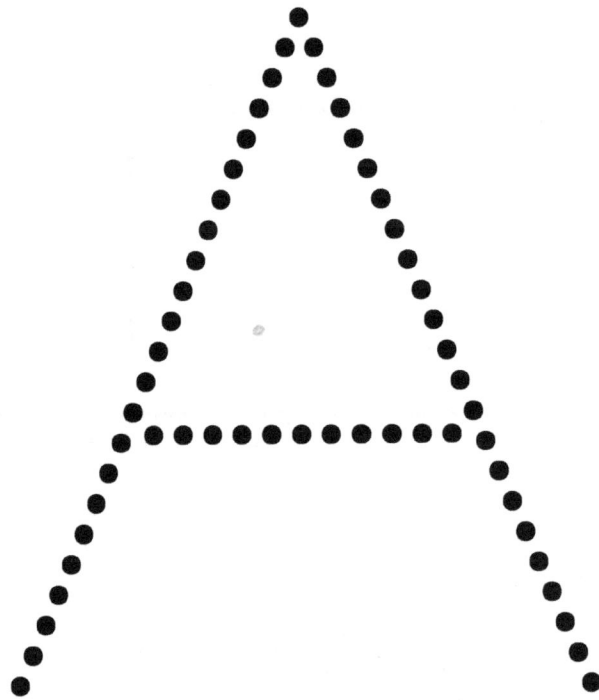

De Agua

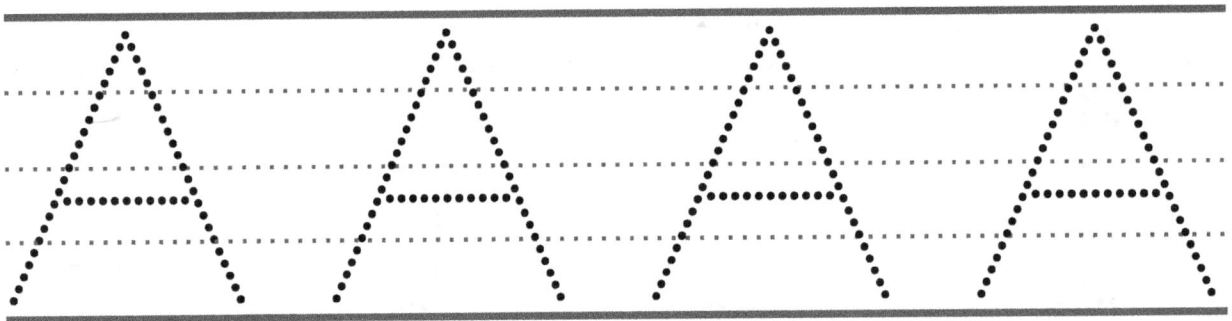

A A A A

A A A A

A A A A

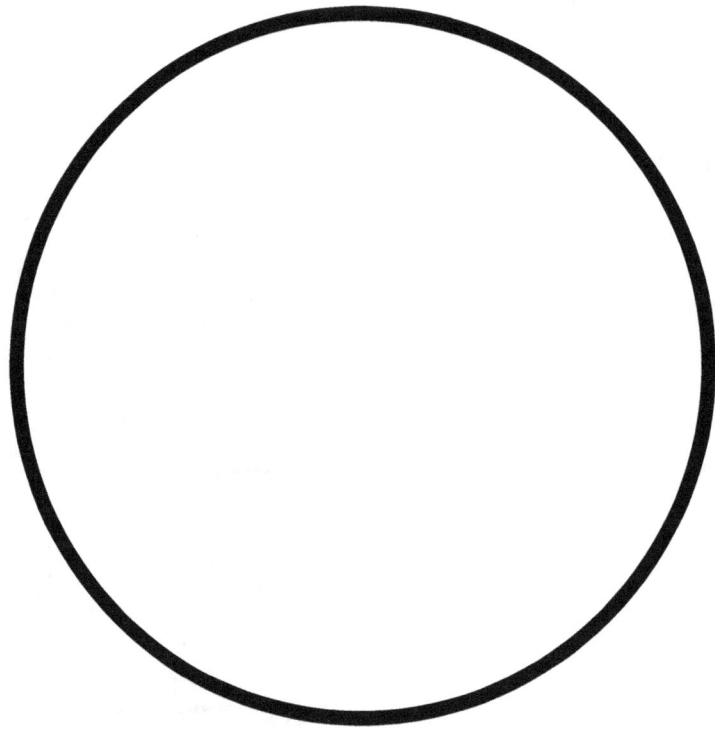

Círculo

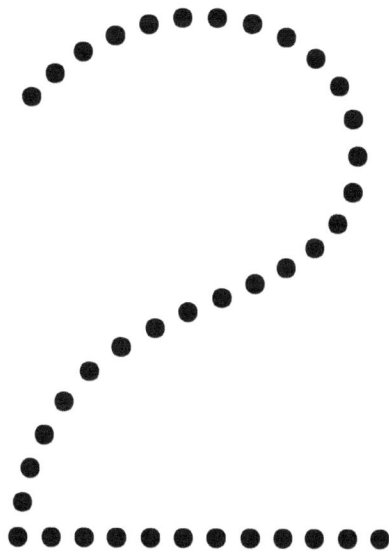

Dos

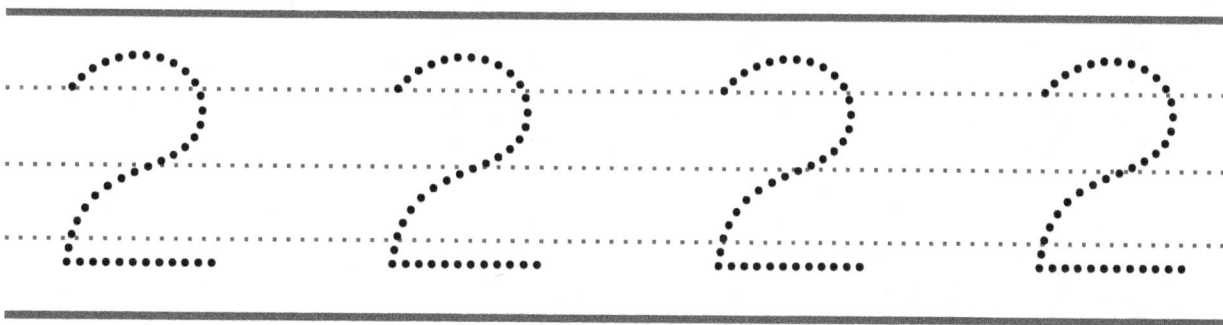

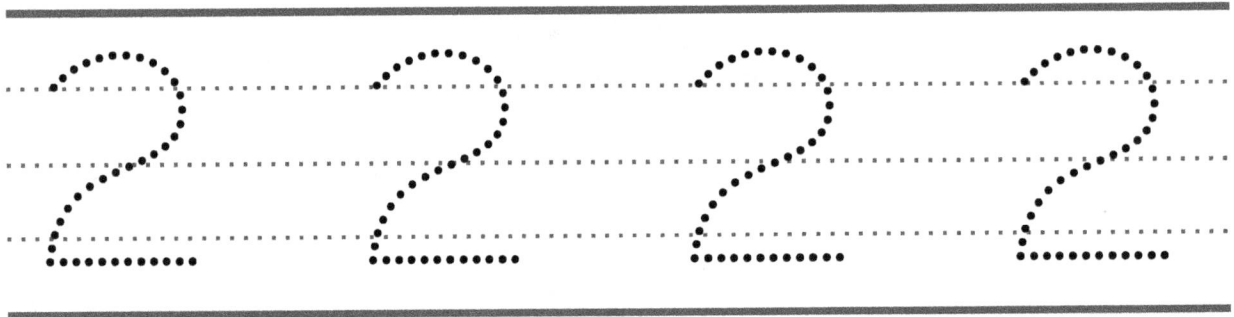
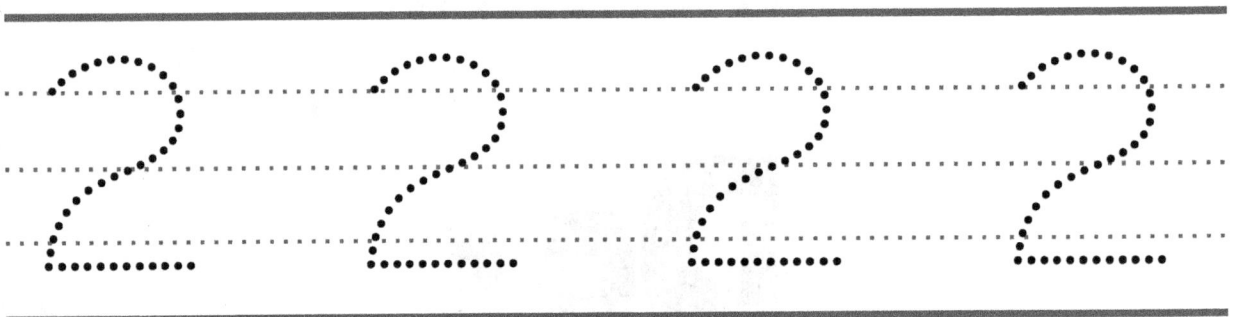
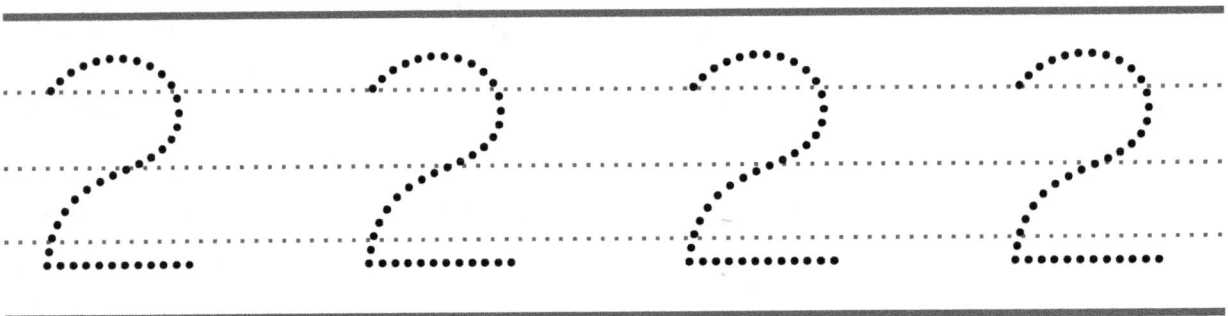

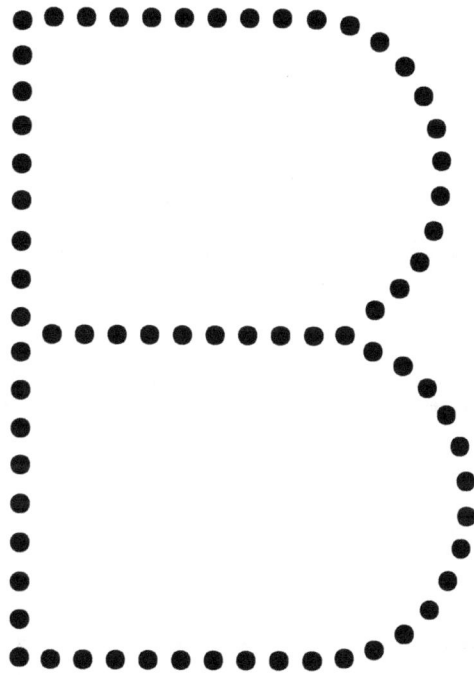

De Burro

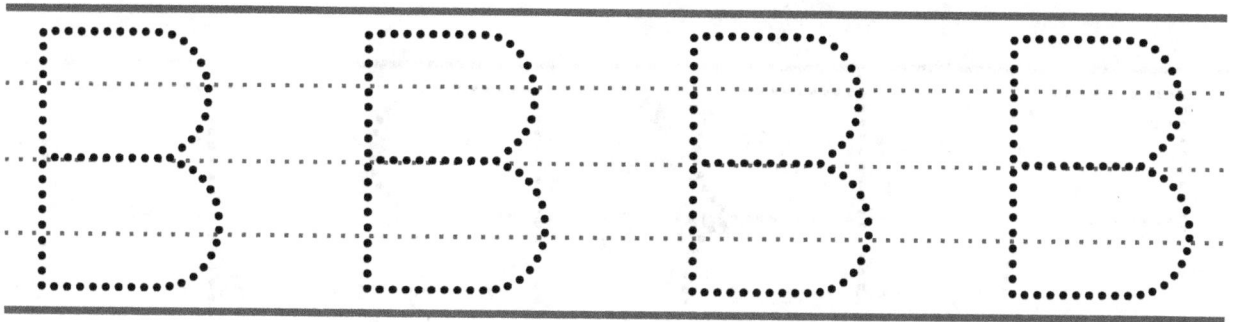

B B B B

B B B B

B B B B

Cuadrado

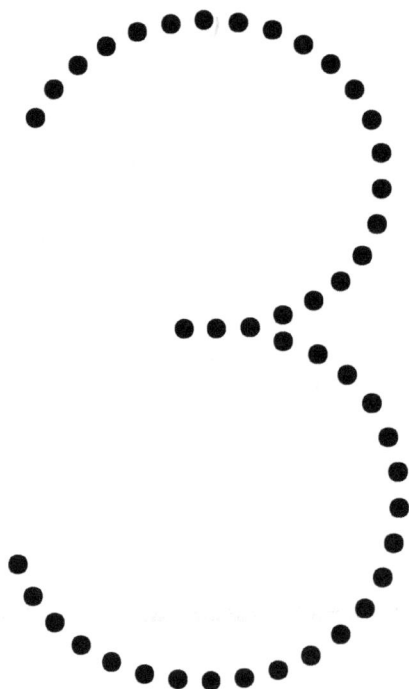

Tres

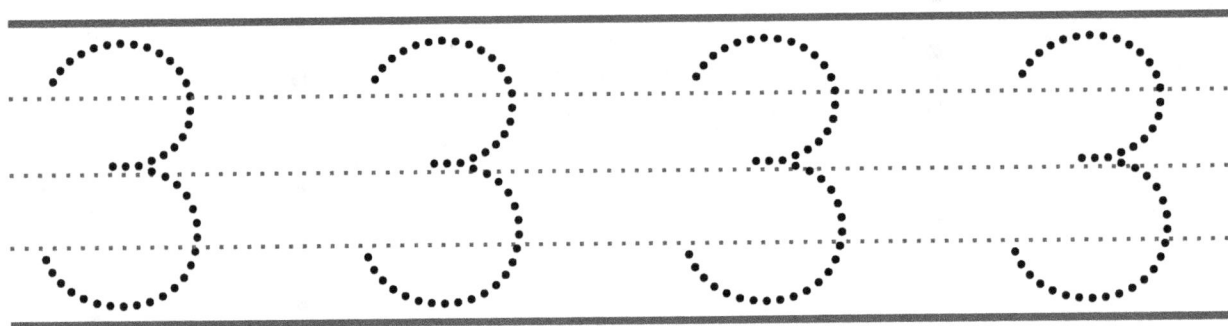

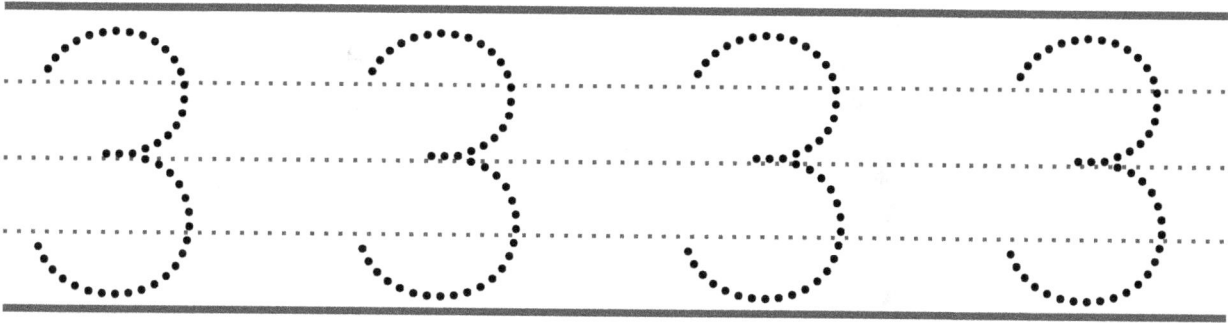

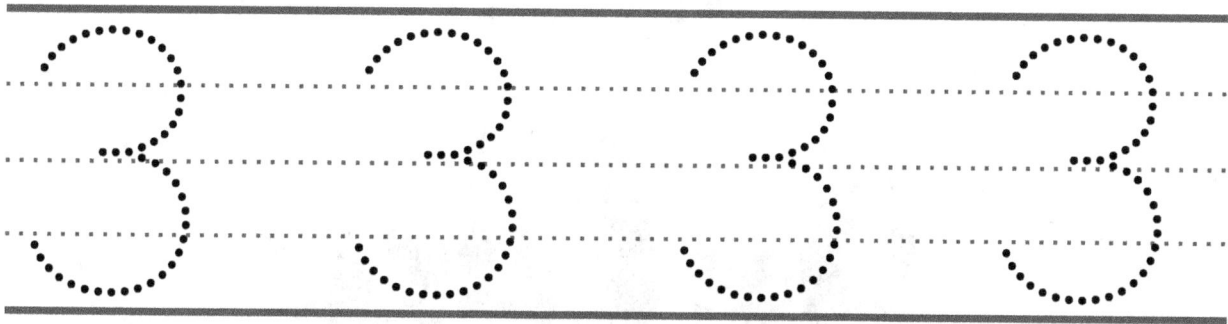

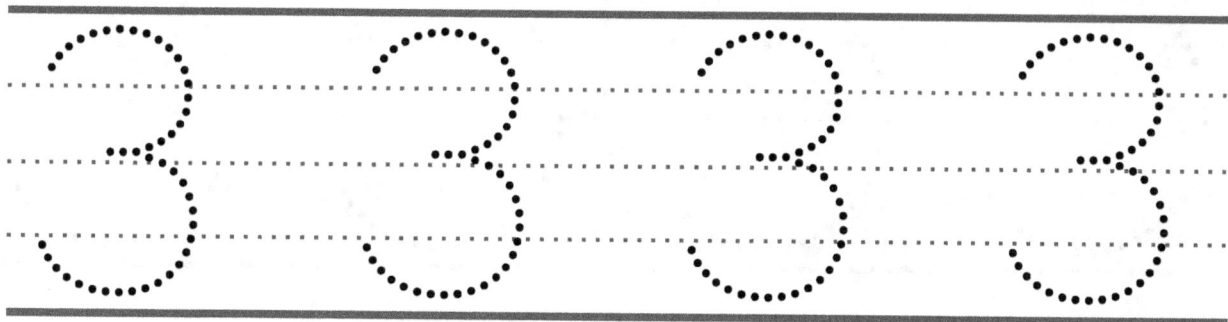

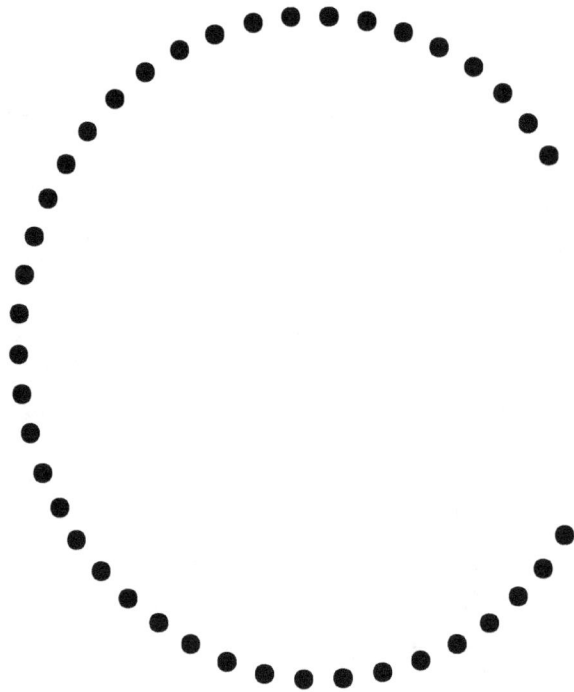

De Casa

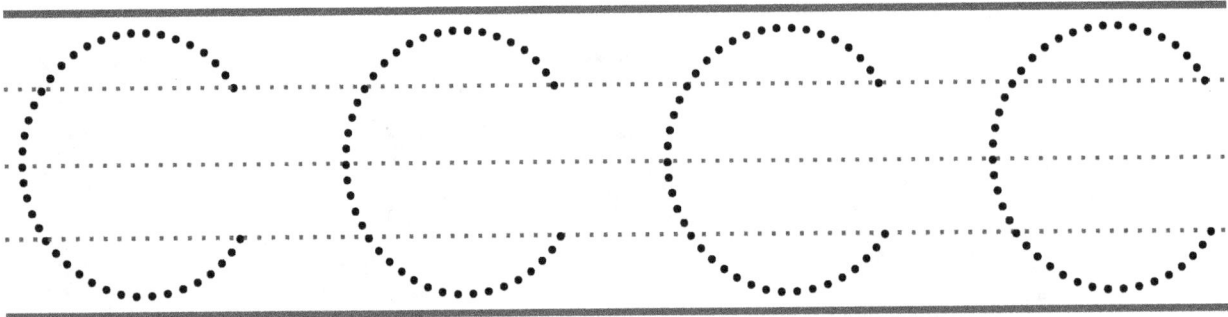

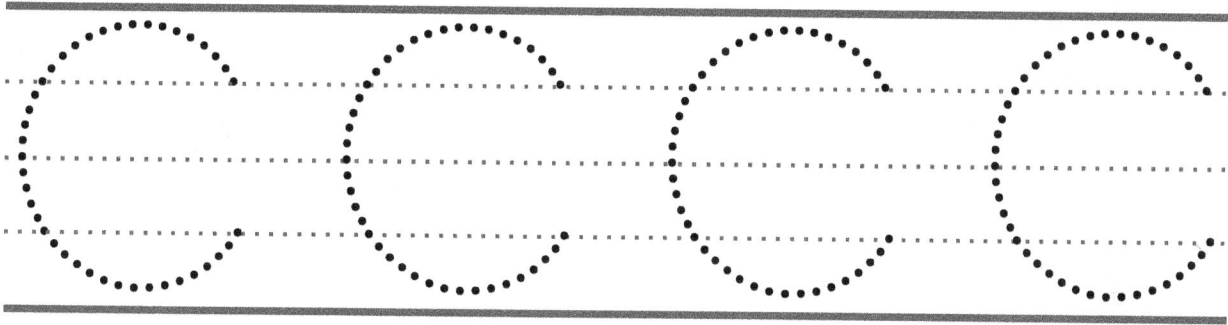

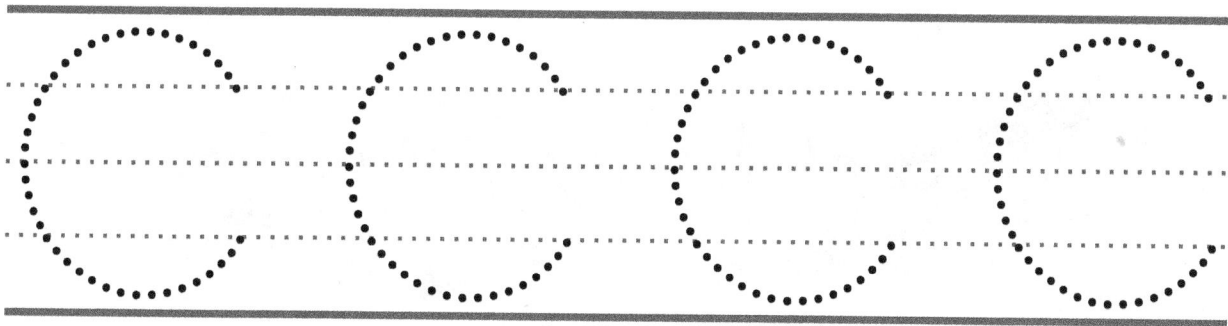

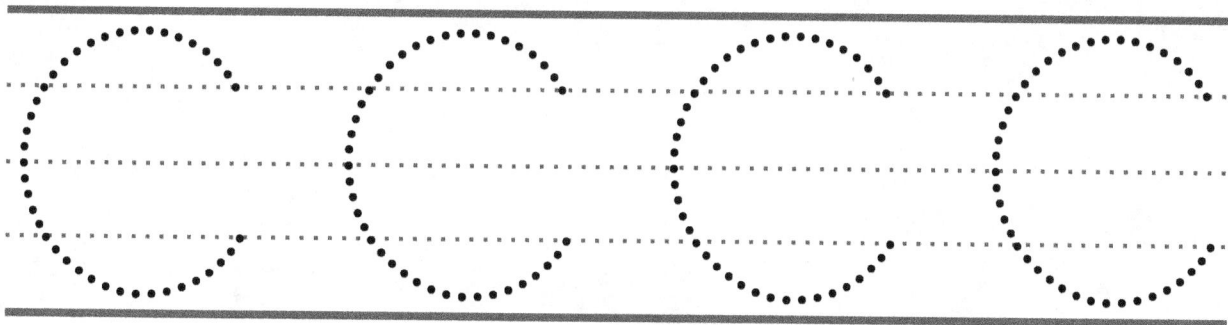

Rectángulo

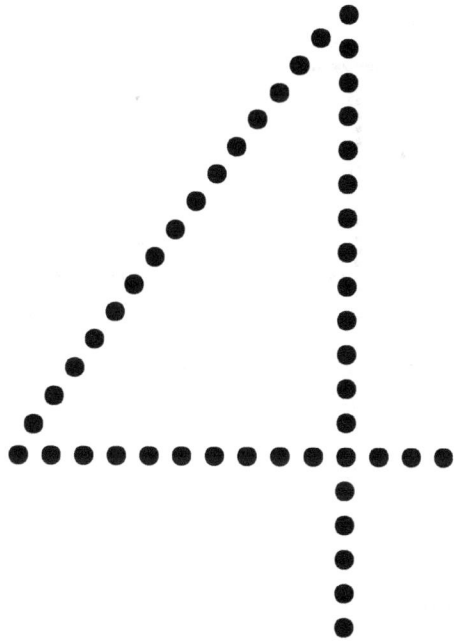

Cuatro

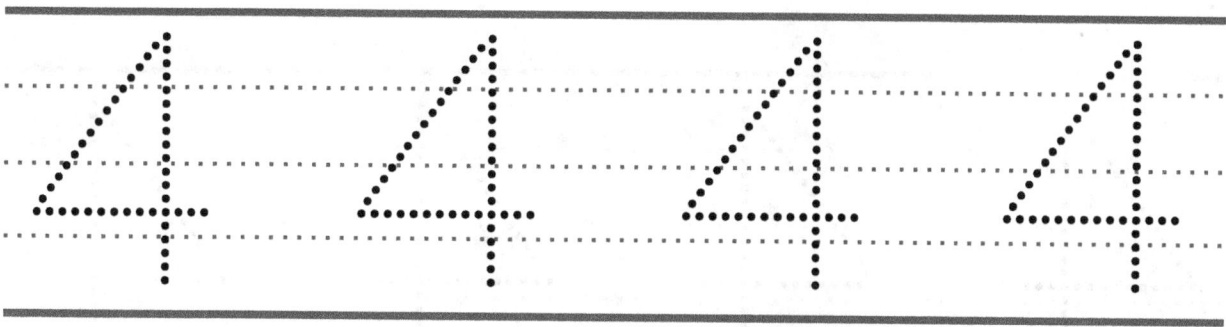

4 4 4 4

4 4 4 4

4 4 4 4

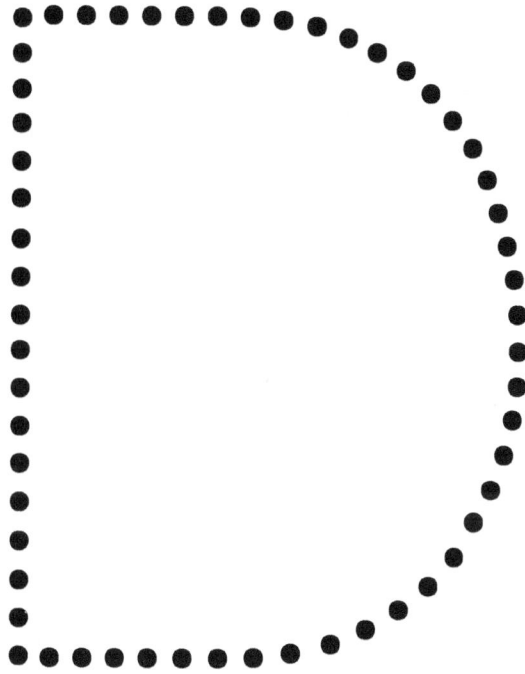

De Dedo

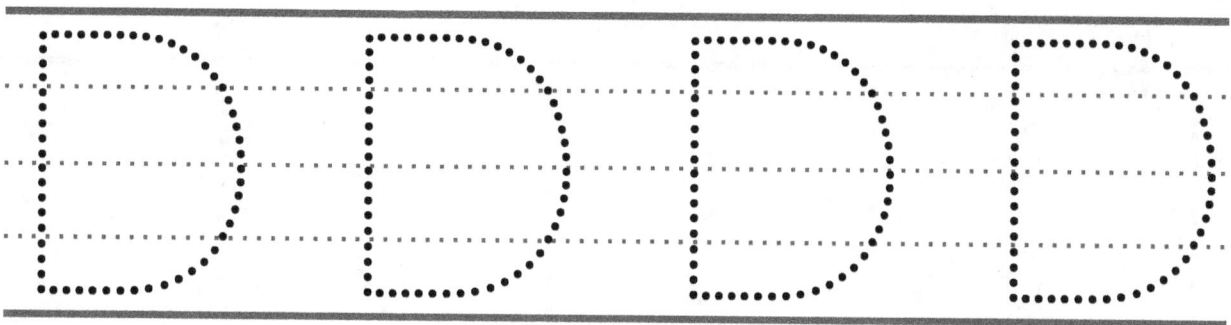

D D D D

D D D D

D D D D

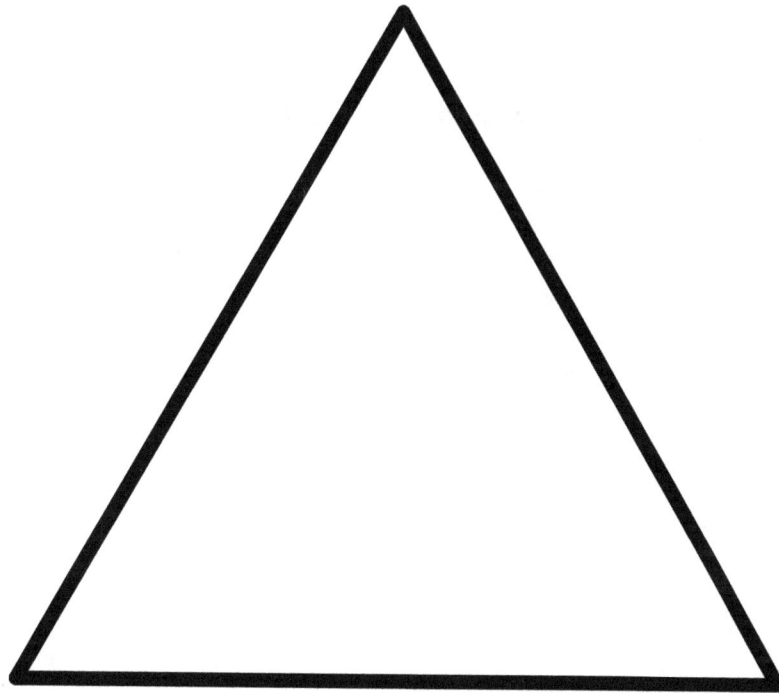

Triángulo

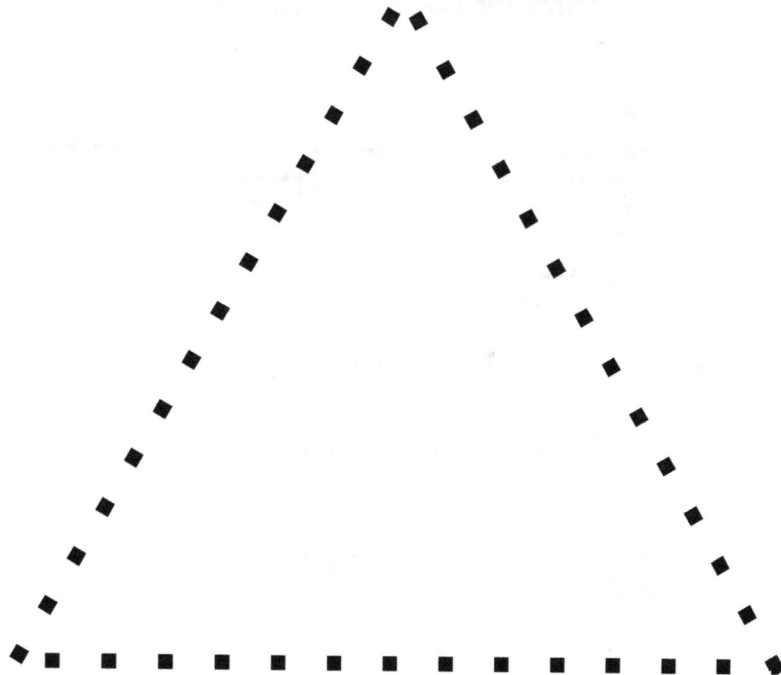

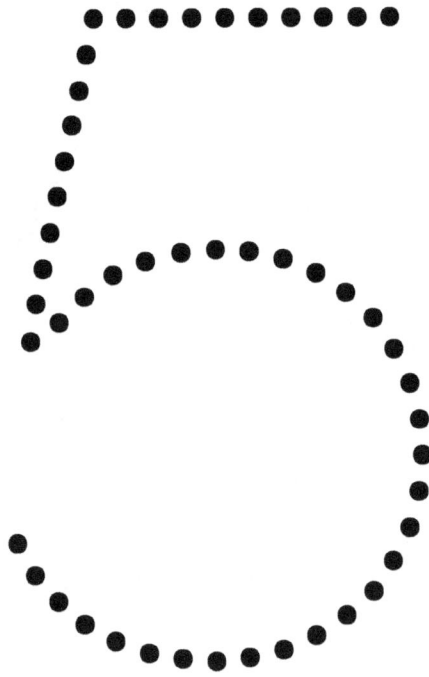

Cinco

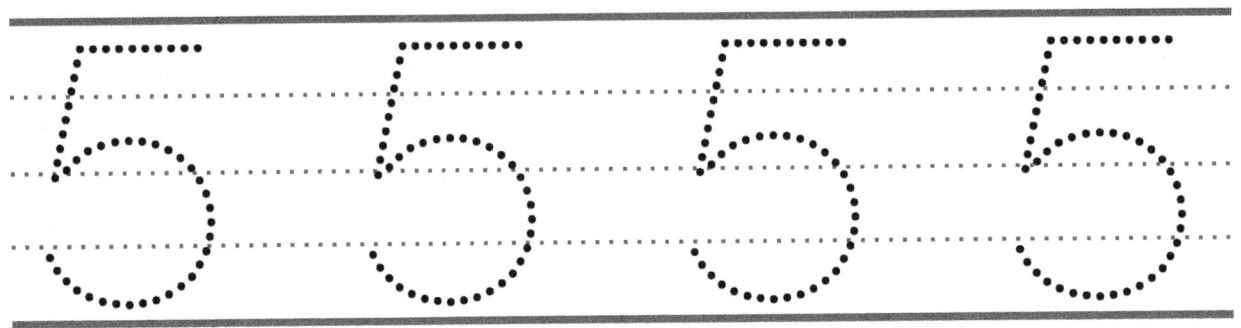

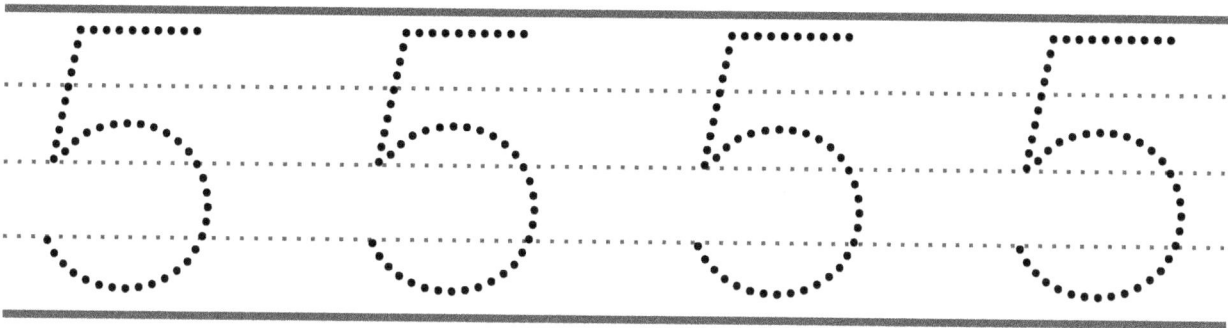

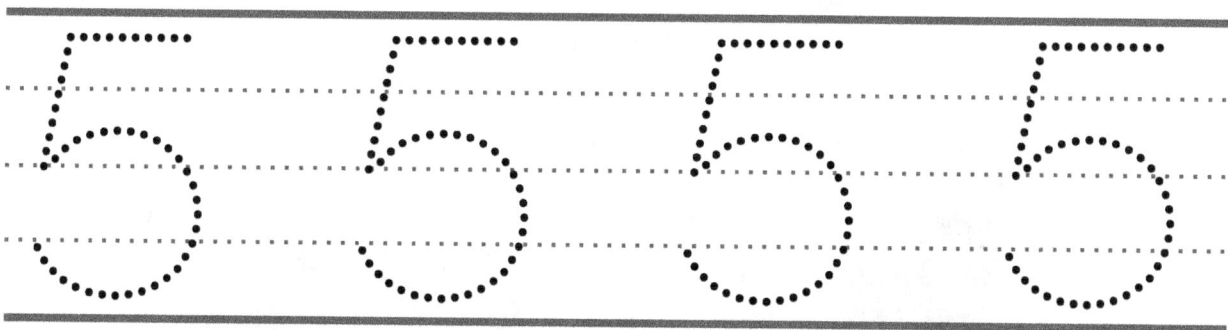

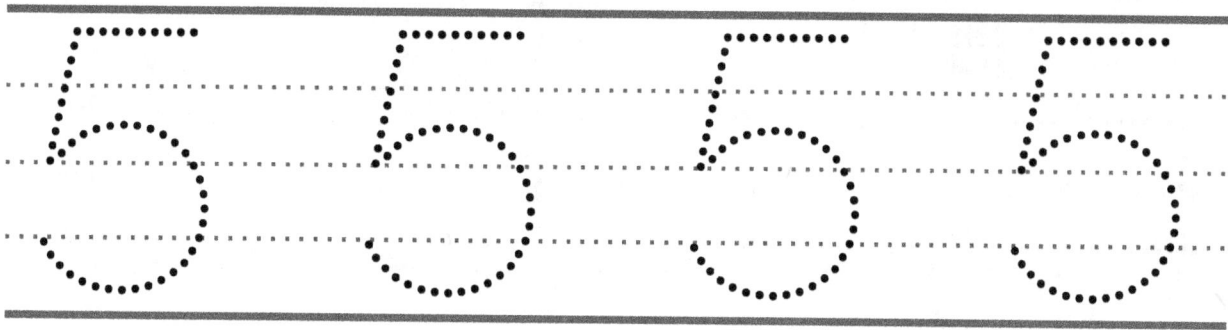

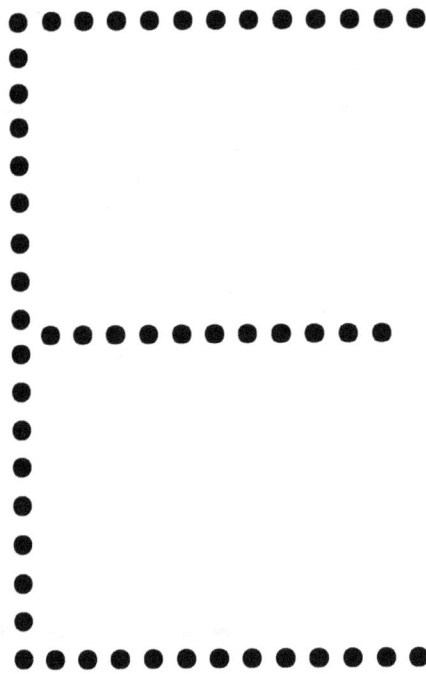

De Elefante

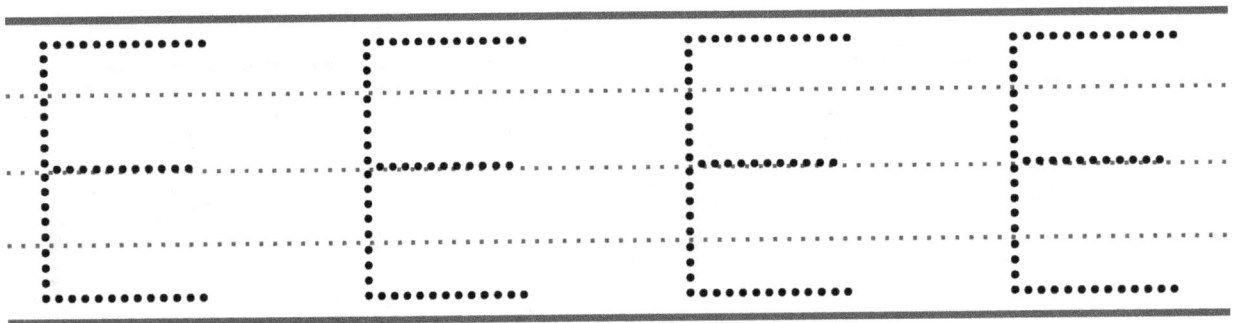

E E E E

E E E E

E E E E

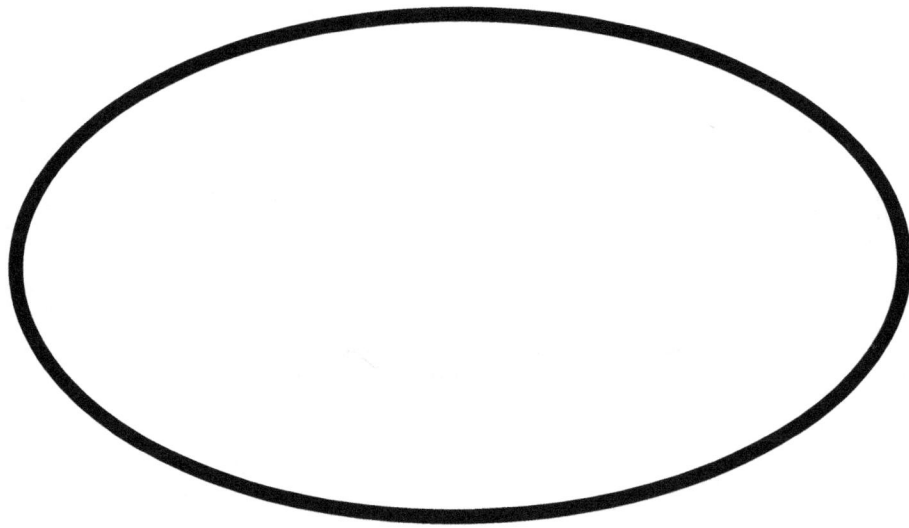

Elipse

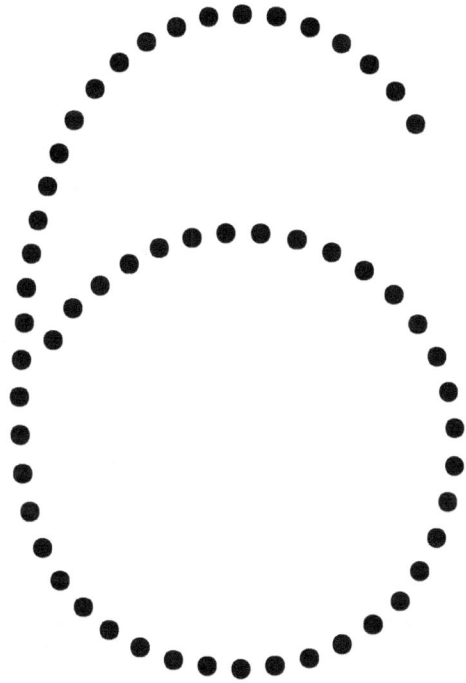

Seis

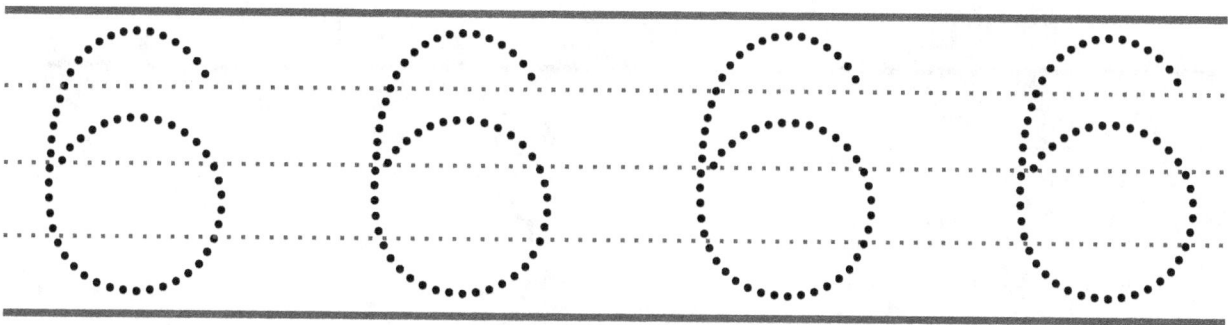

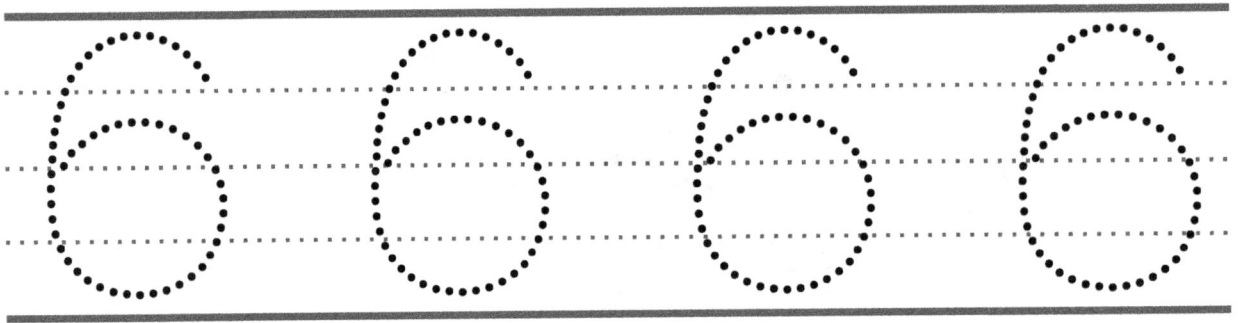

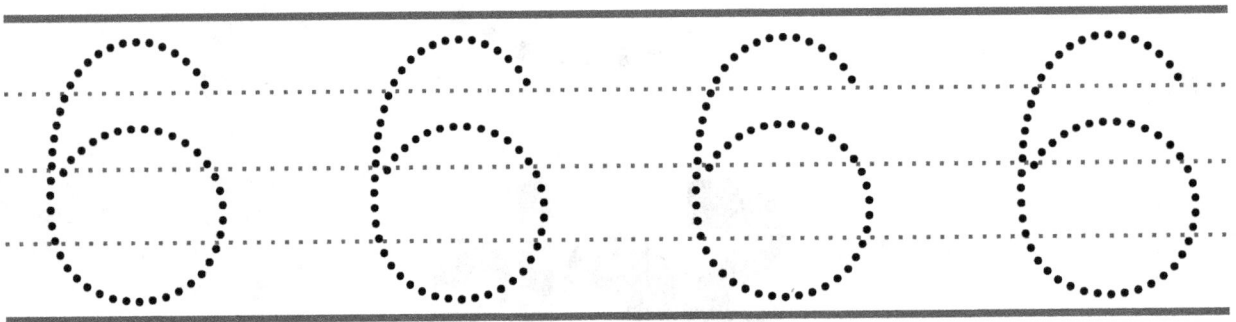

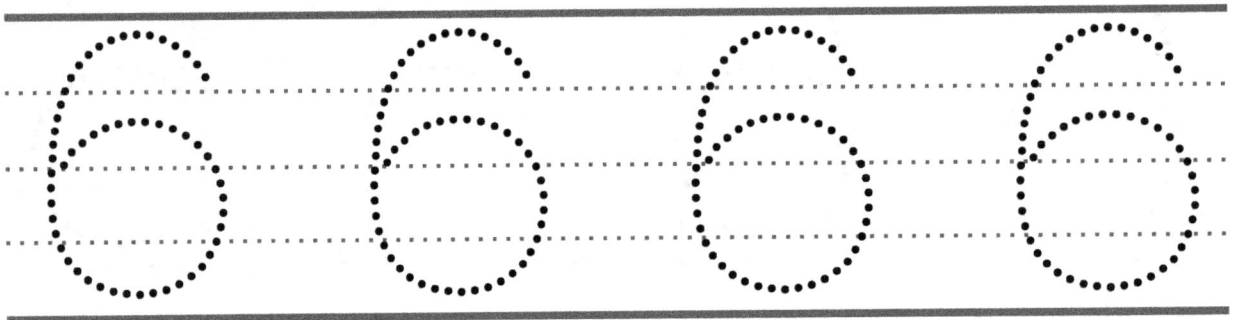

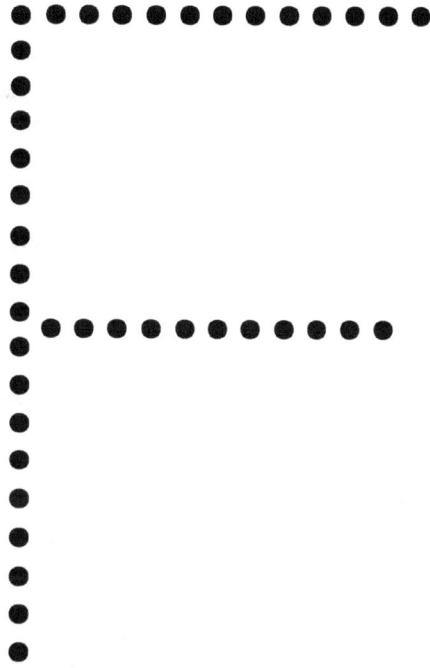

De Flor

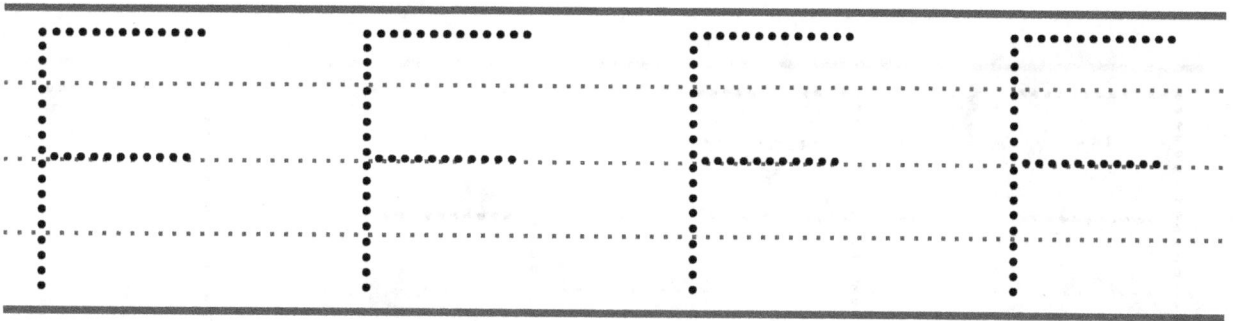

F F F F

F F F F

F F F F

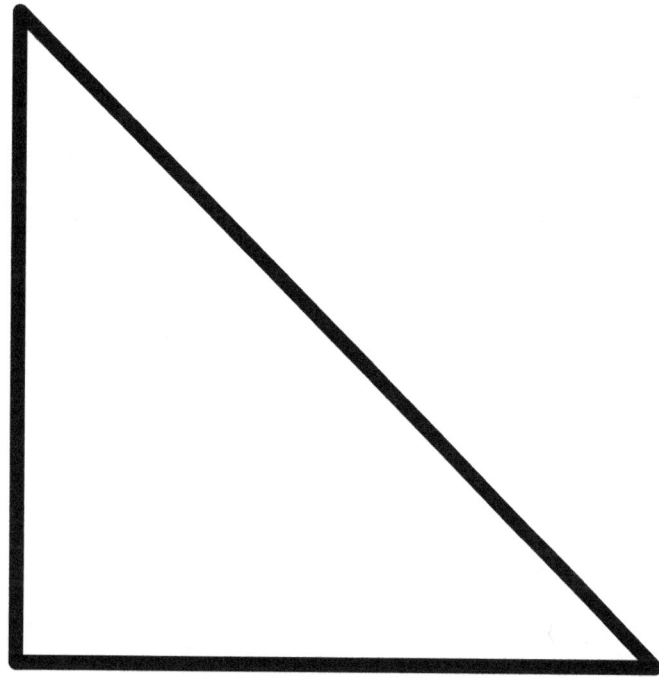

Triángulo rectángulo

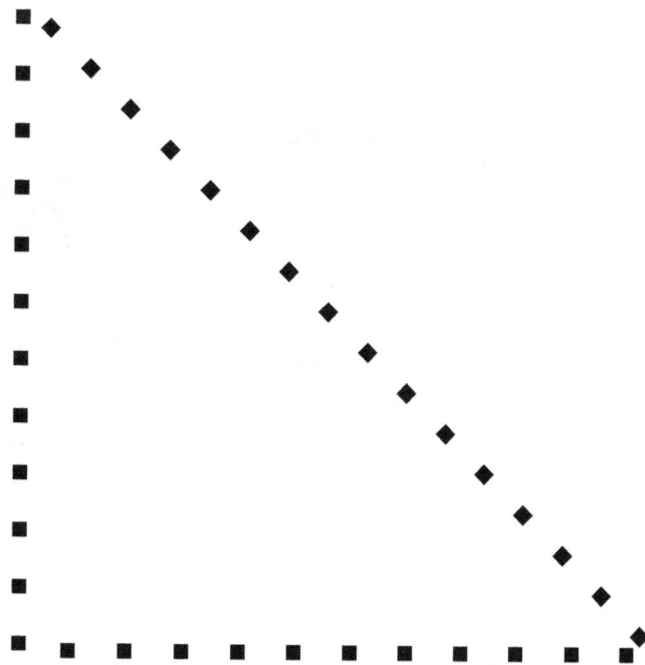

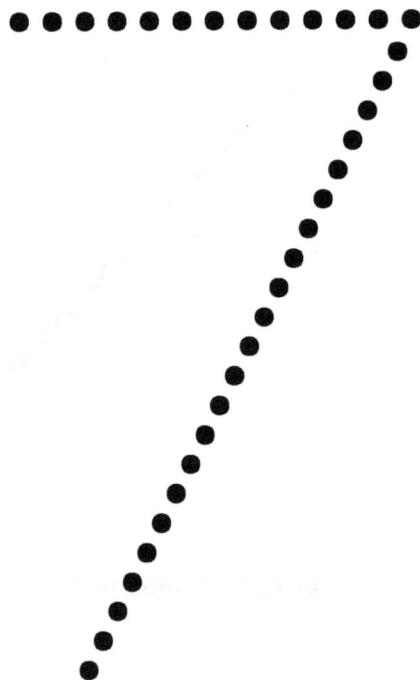

Siete

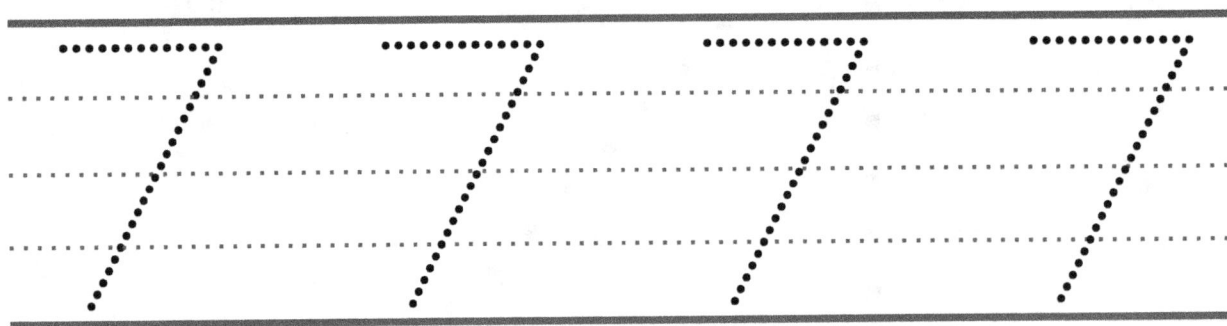

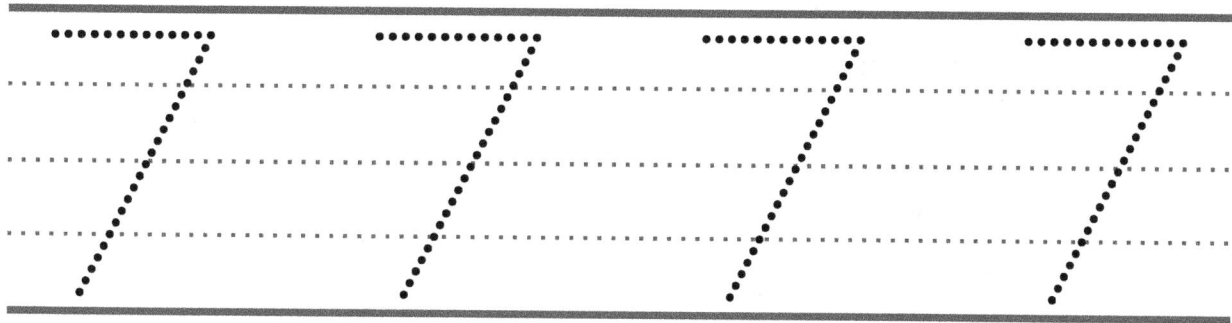

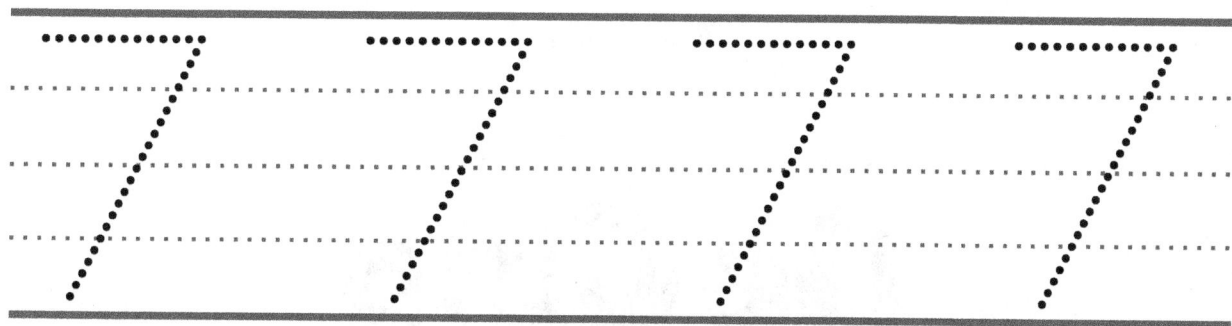

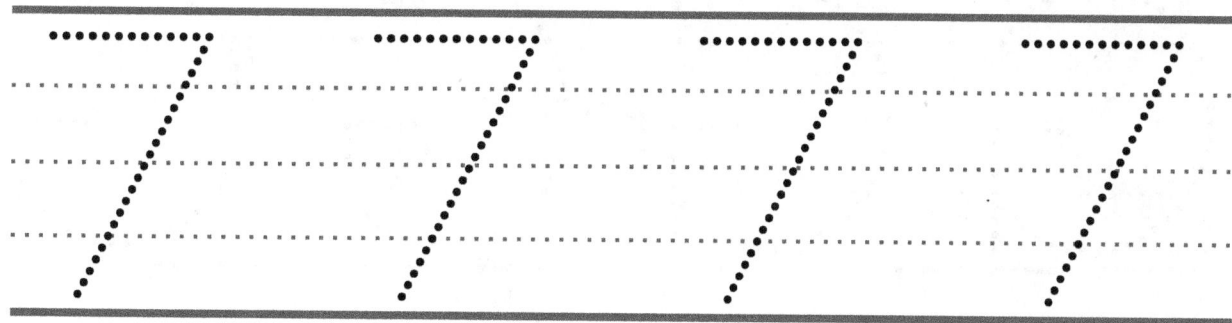

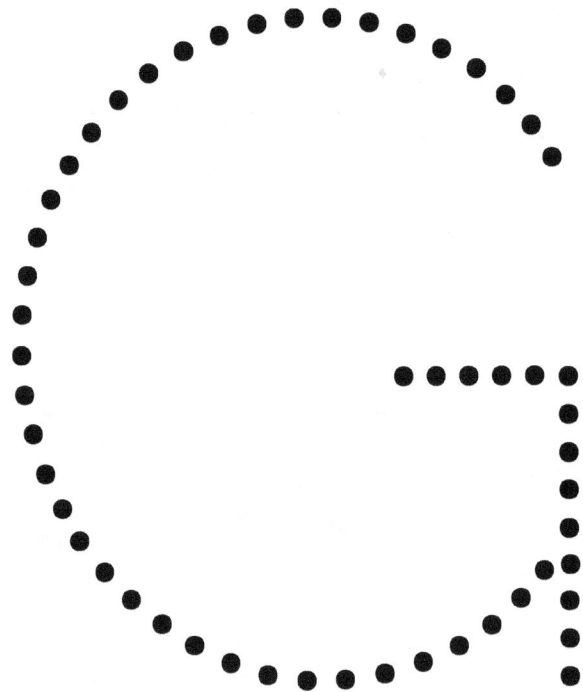

De Gato

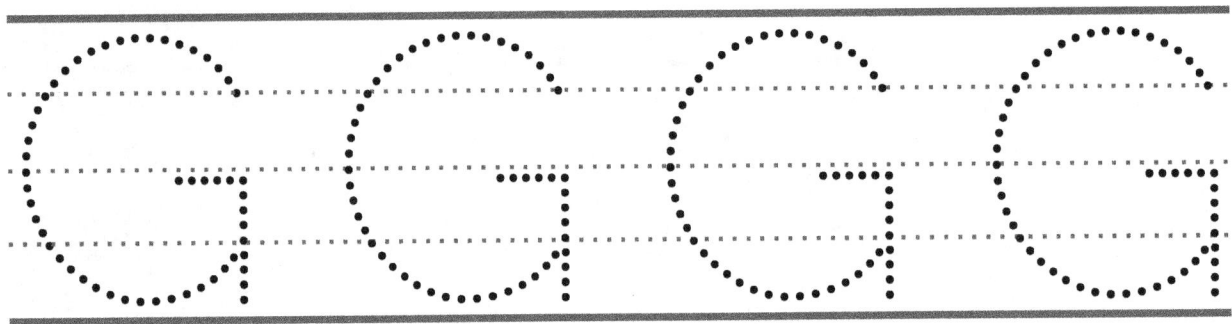

GGGG

GGGG

GGGG

Paralelogramo

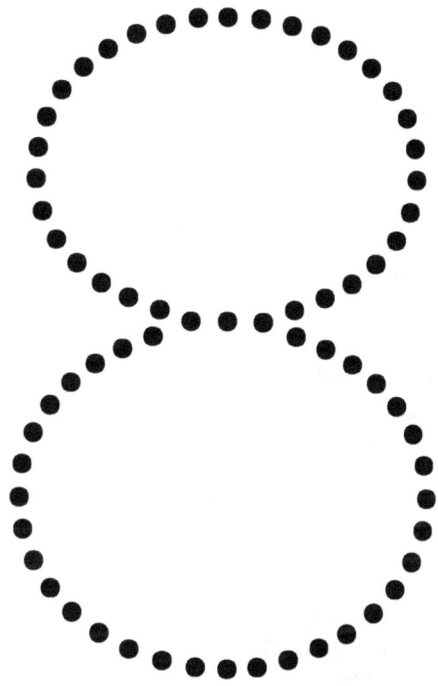

Ocho

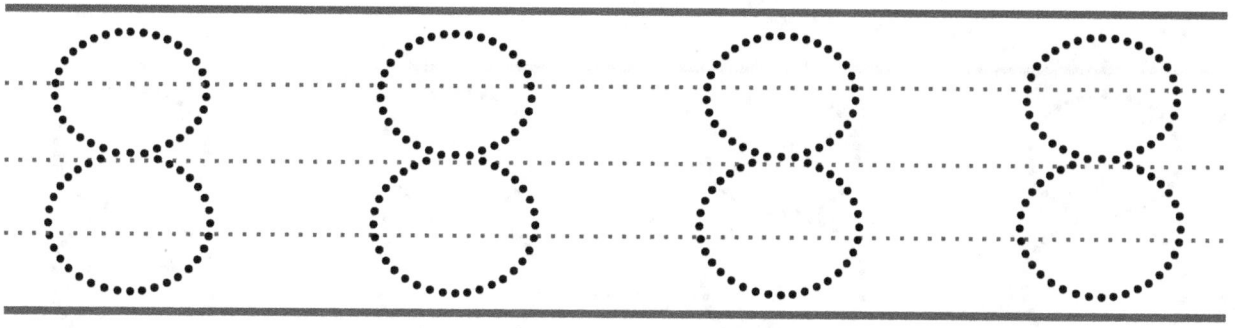

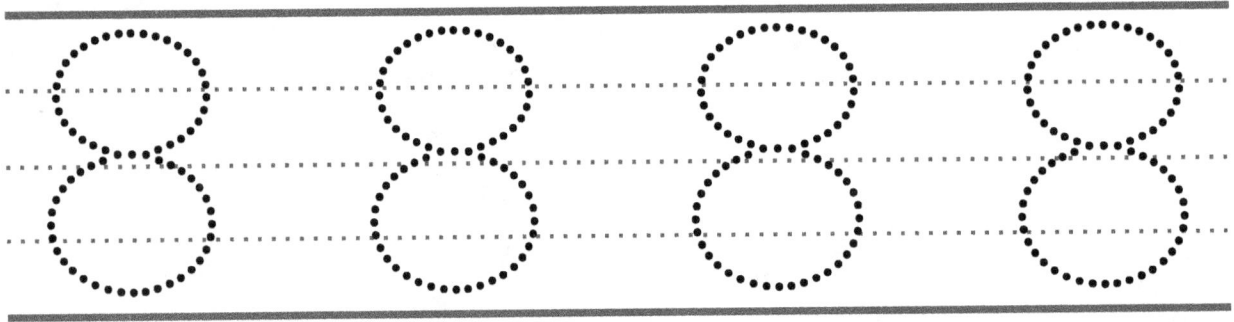

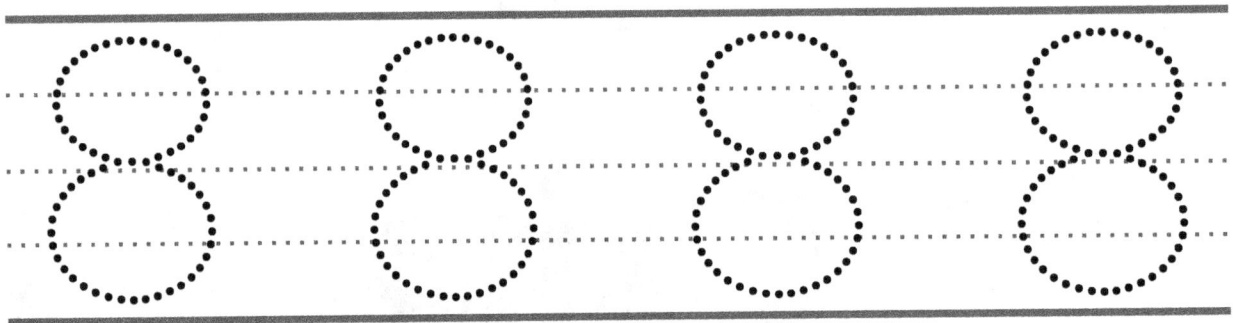

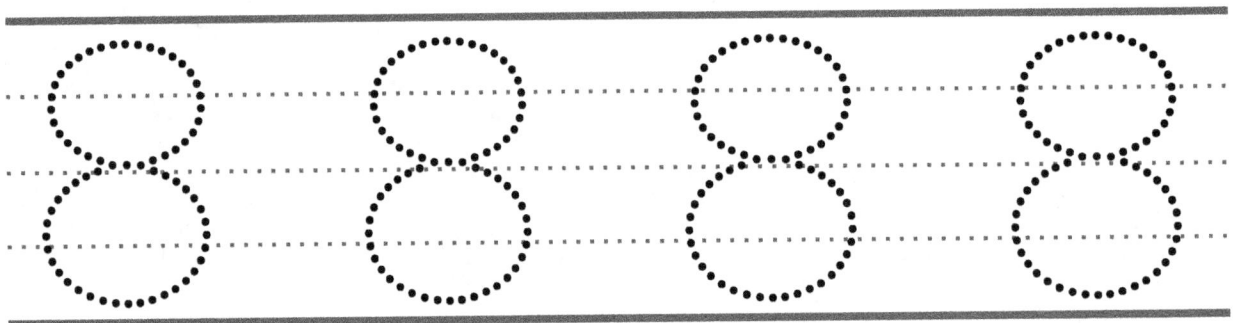

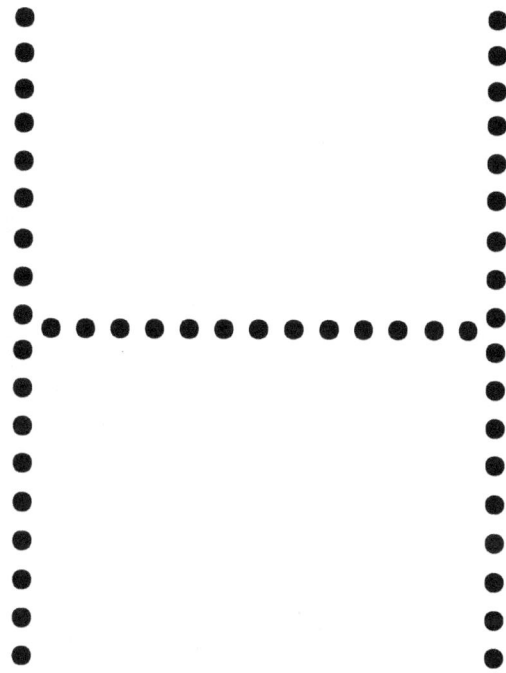

De Hielo

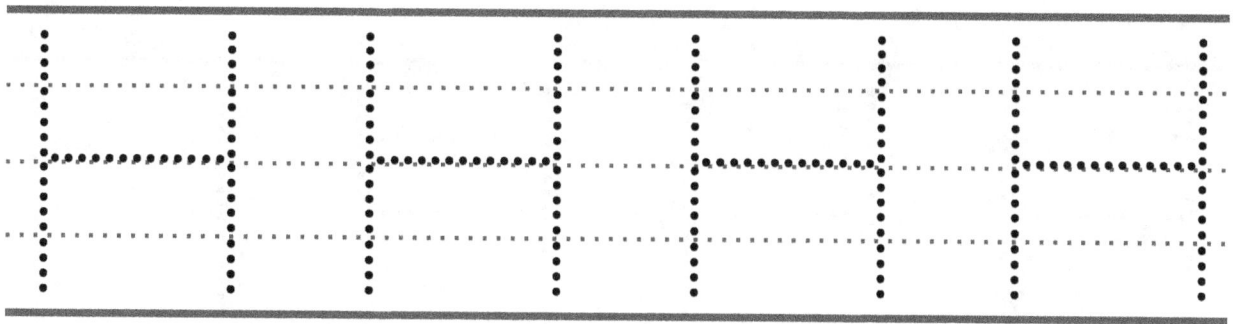

H H H H

H H H H

H H H H

Estrella

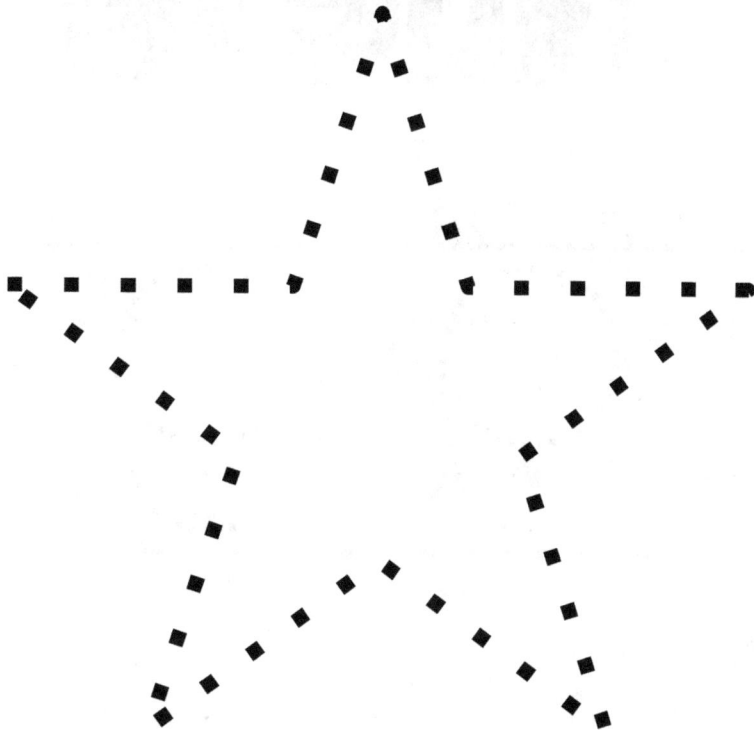

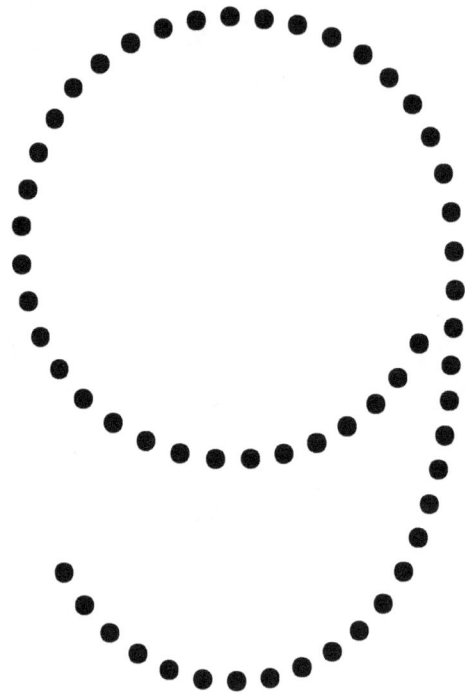

Nueve

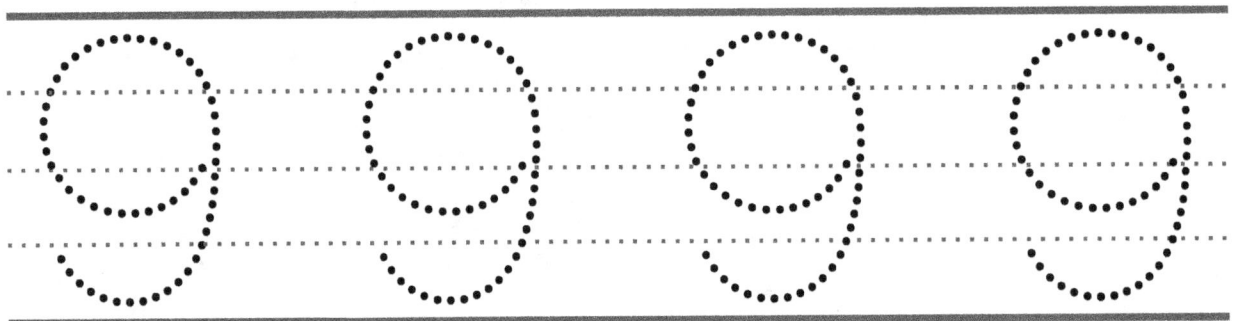

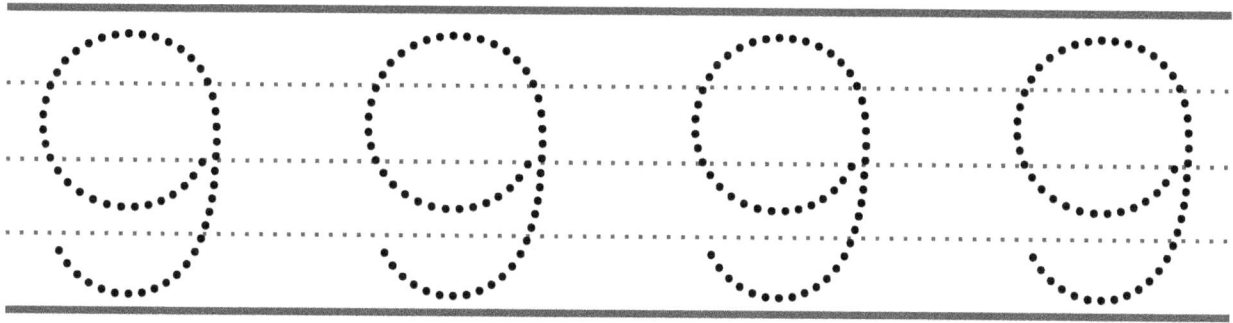

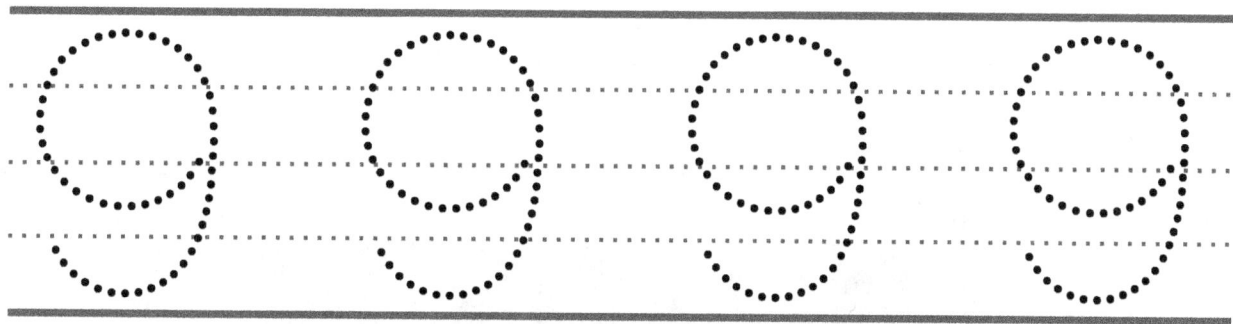

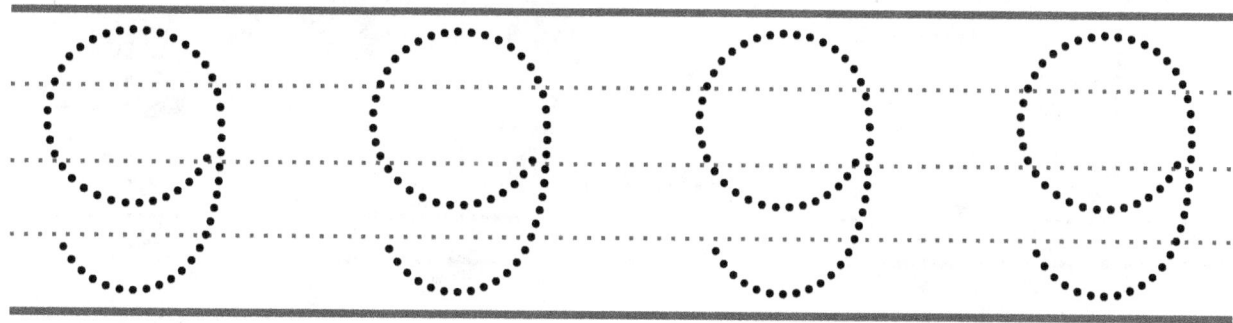

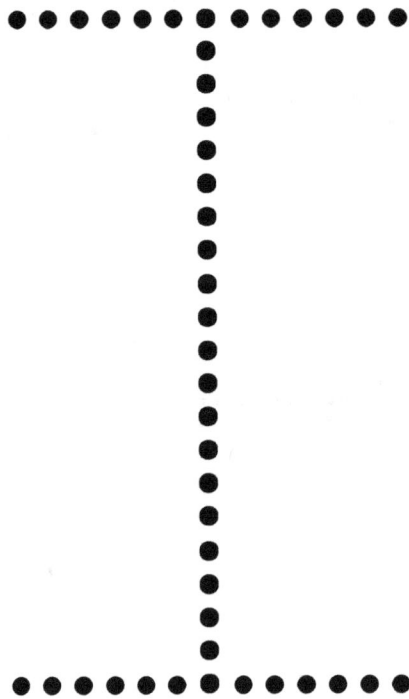

De Iguana

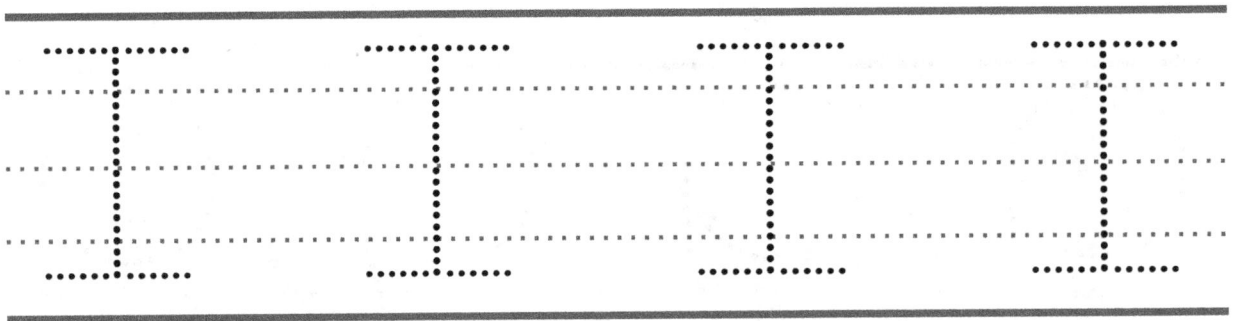

I I I I

I I I I

I I I I

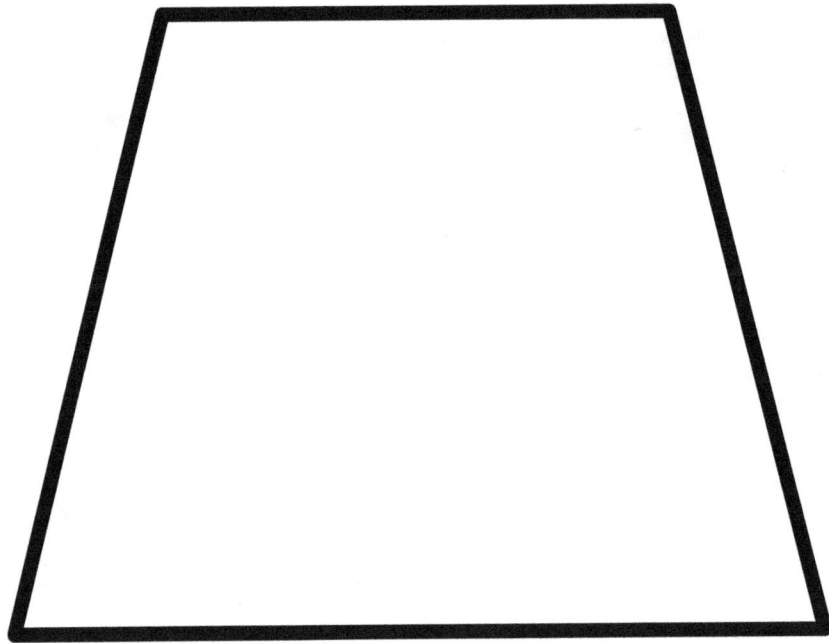

Trapezoide

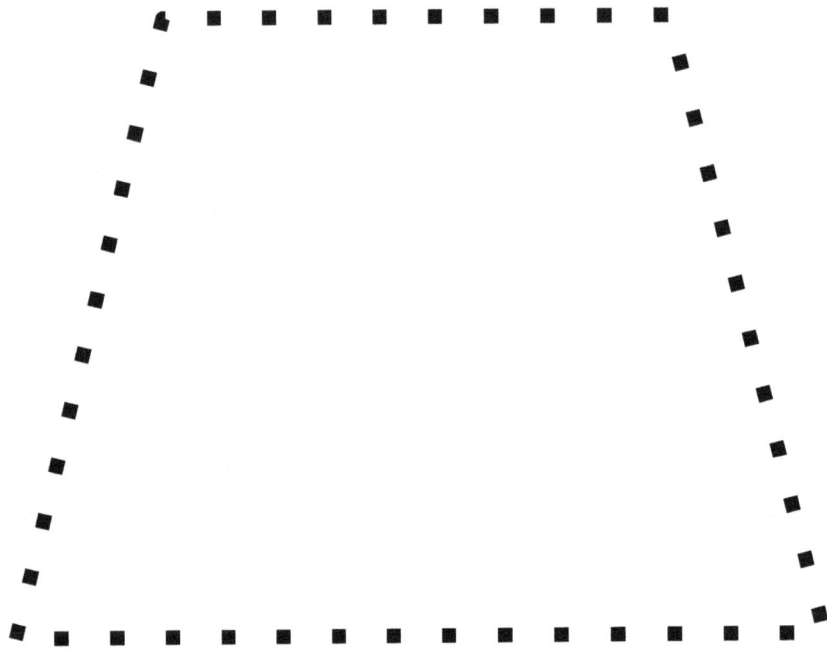

10

Diez

10 10 10 10

1010101010

1010101010

1010101010

De Jabón

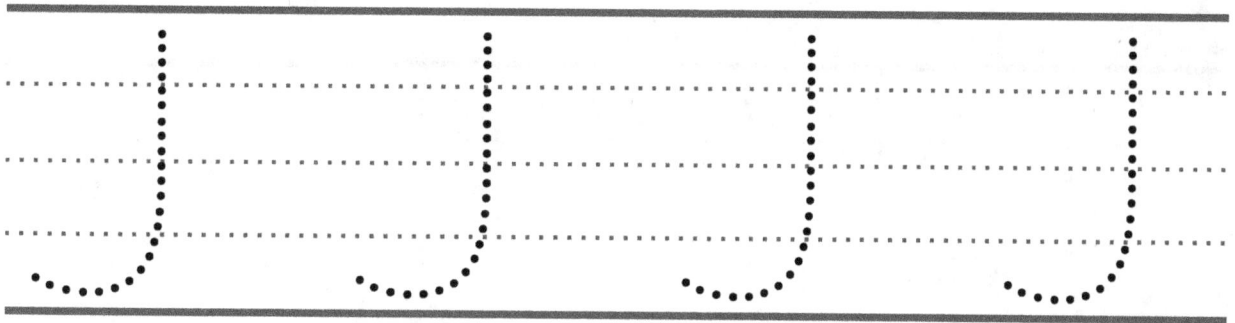

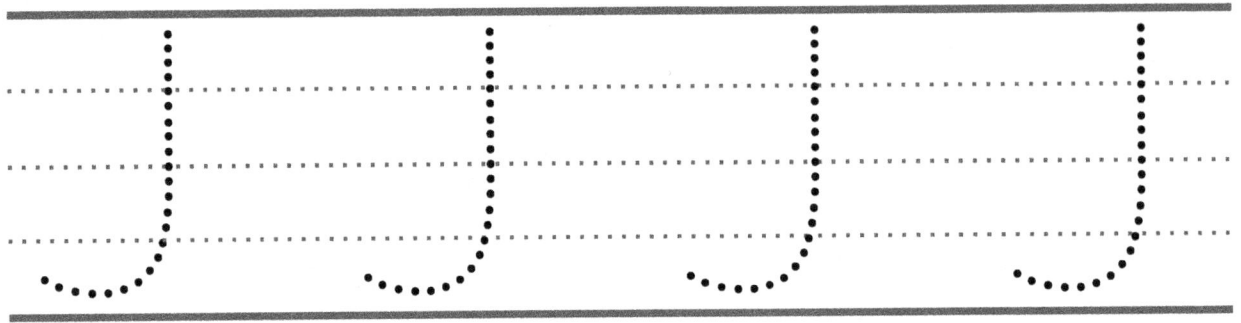

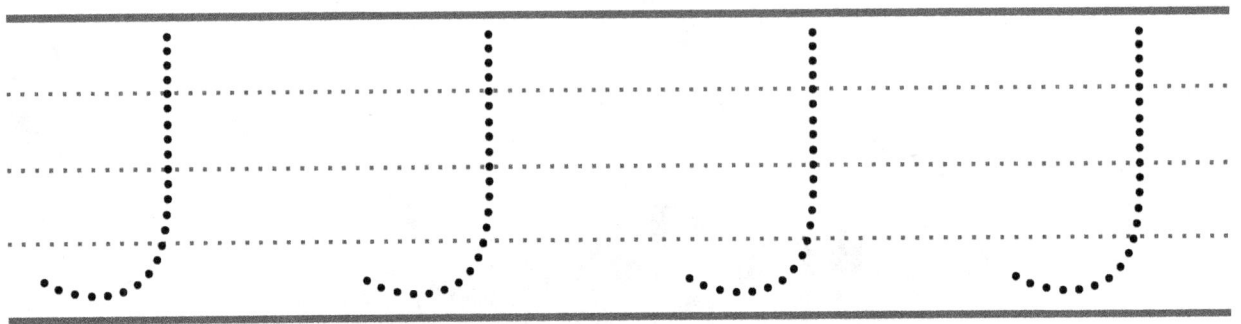

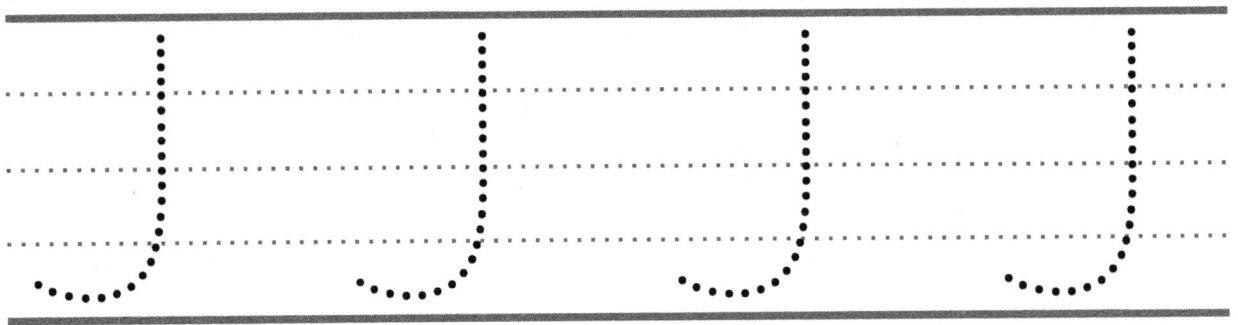

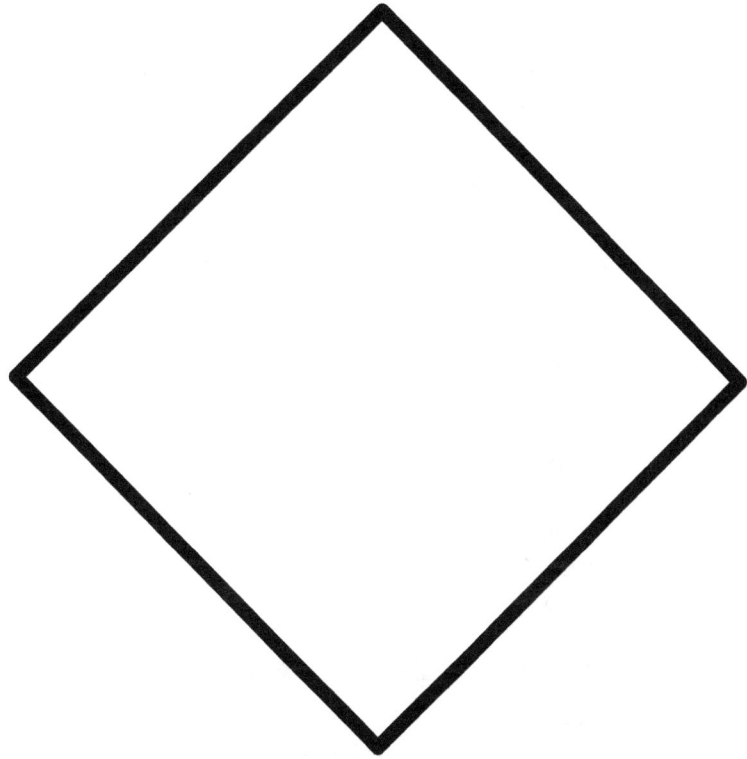

Rombo

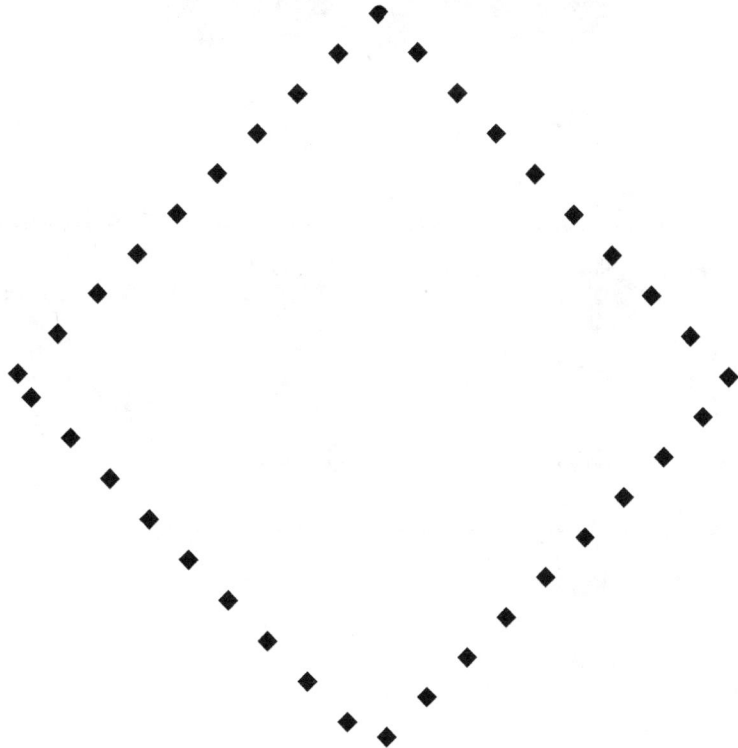

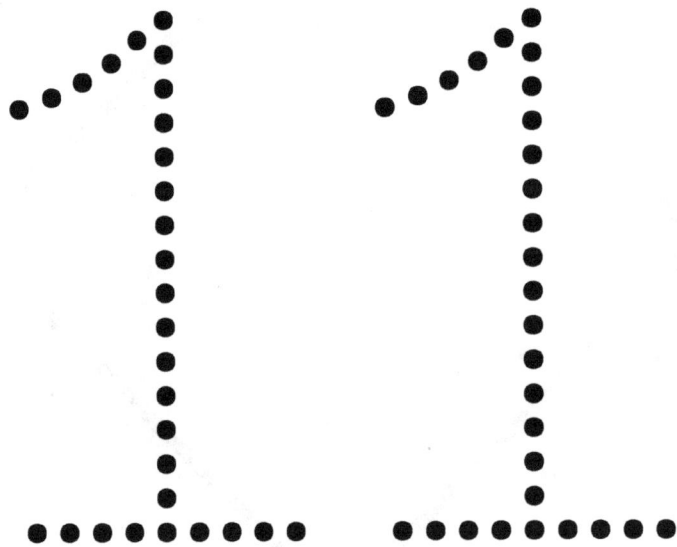

Once

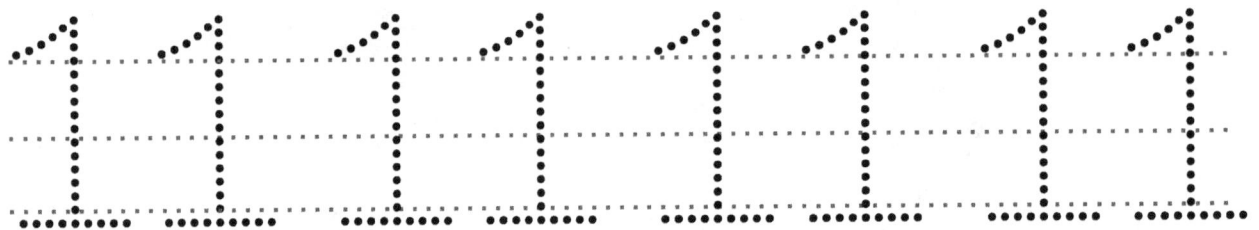

1 1 1 1 1 1 1

1 1 1 1 1 1 1

1 1 1 1 1 1 1

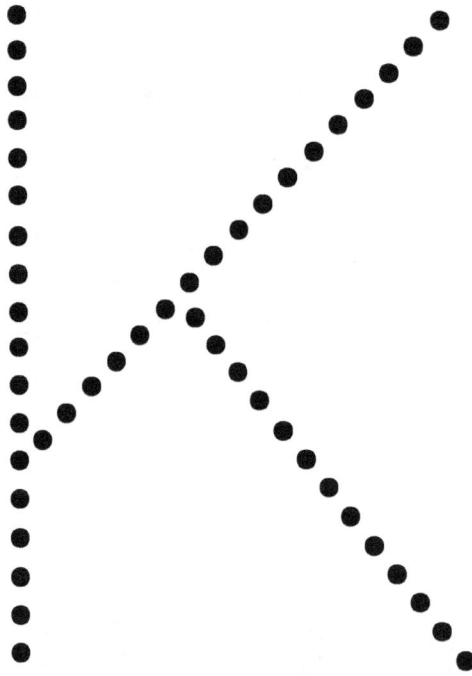

De Koala

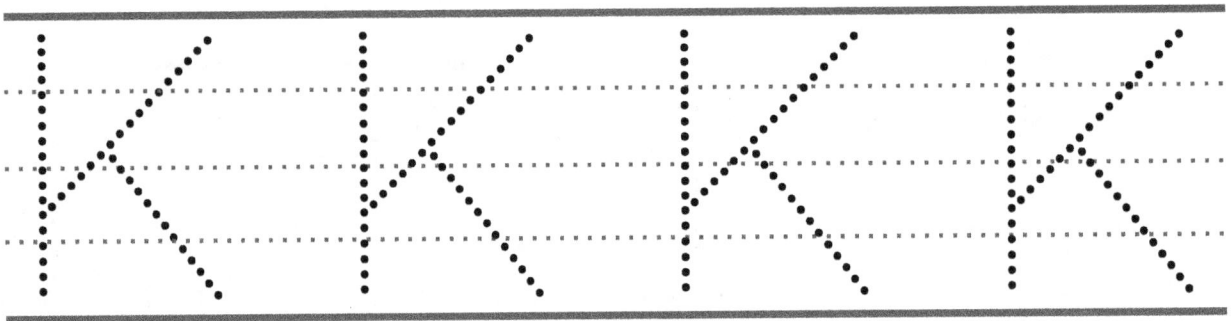

K K K K

K K K K

K K K K

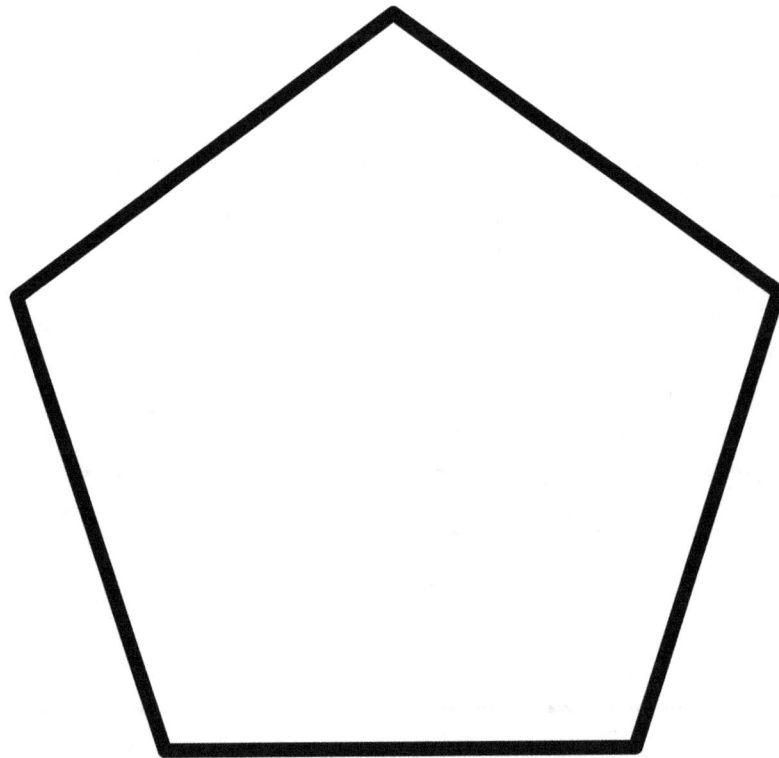

Pentágono

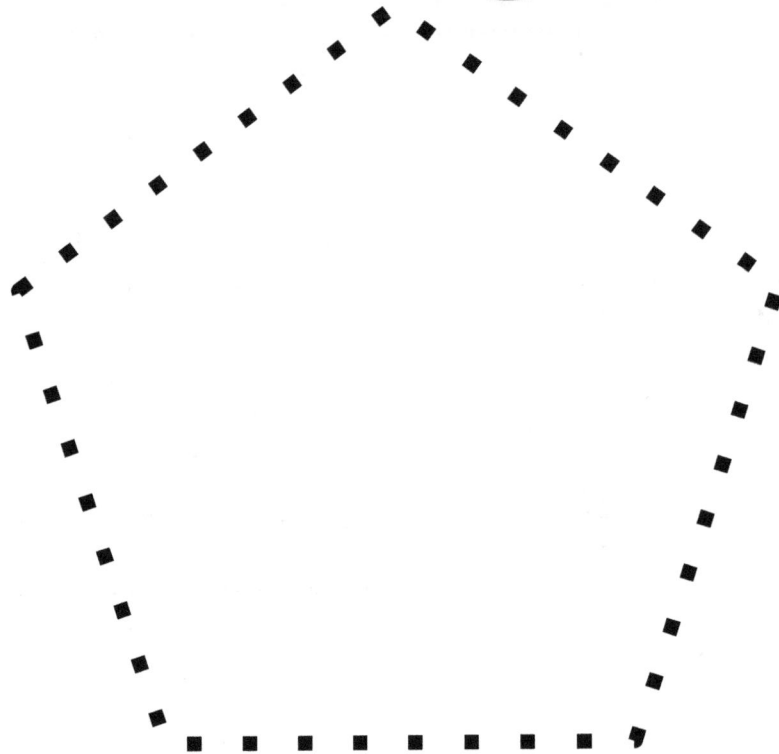

12

Doce

12 12 12 12

12121212

12121212

12121212

De Leche

L L L L

L L L L

L L L L

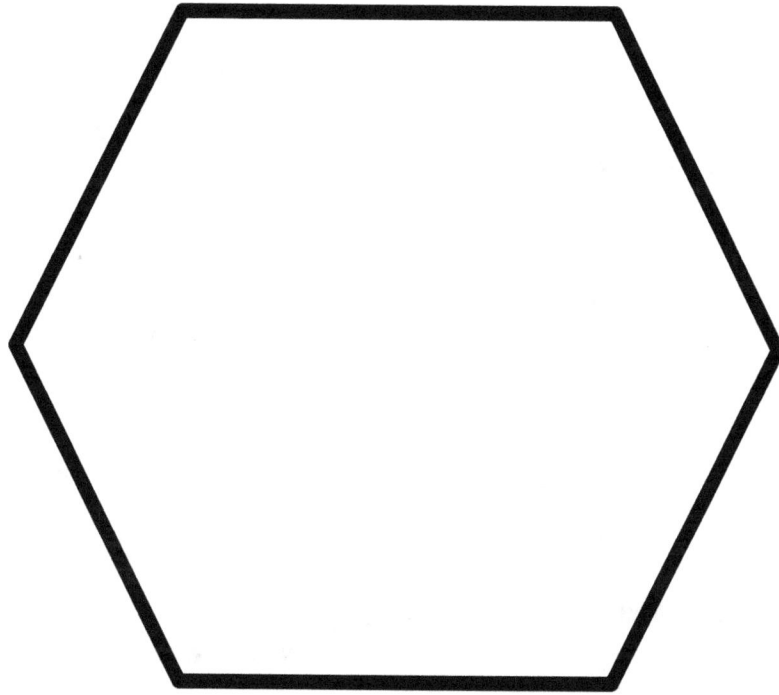

Hexágono

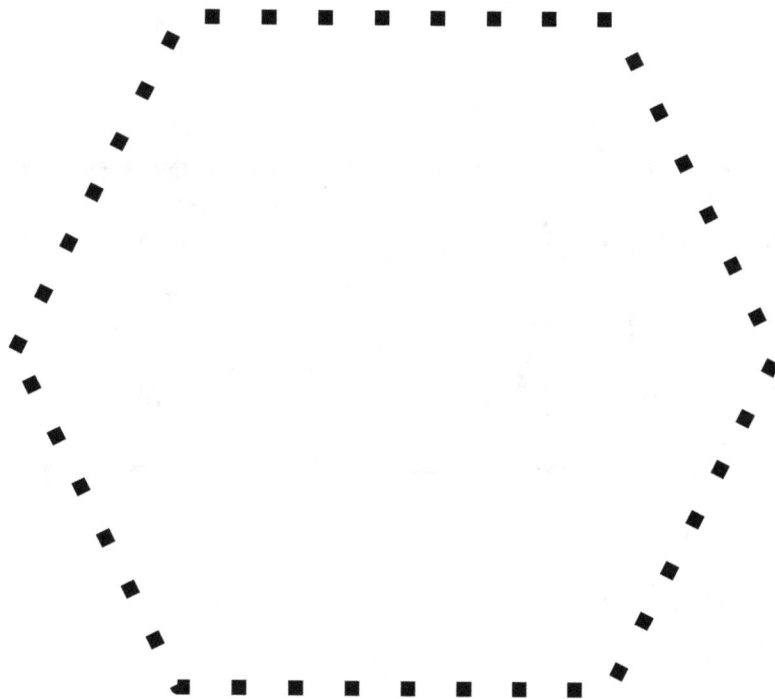

13

Trece

13 13 13 13

13 13 13 13 13

13 13 13 13 13

13 13 13 13 13

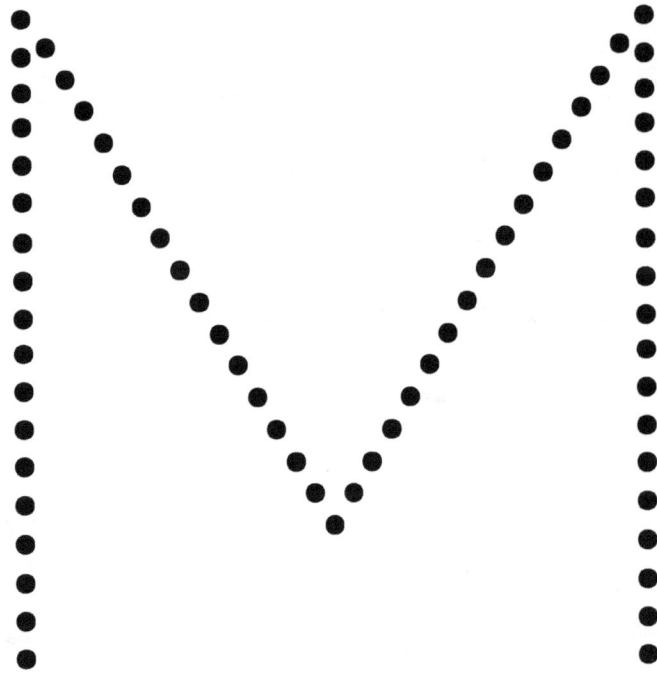

De Mano

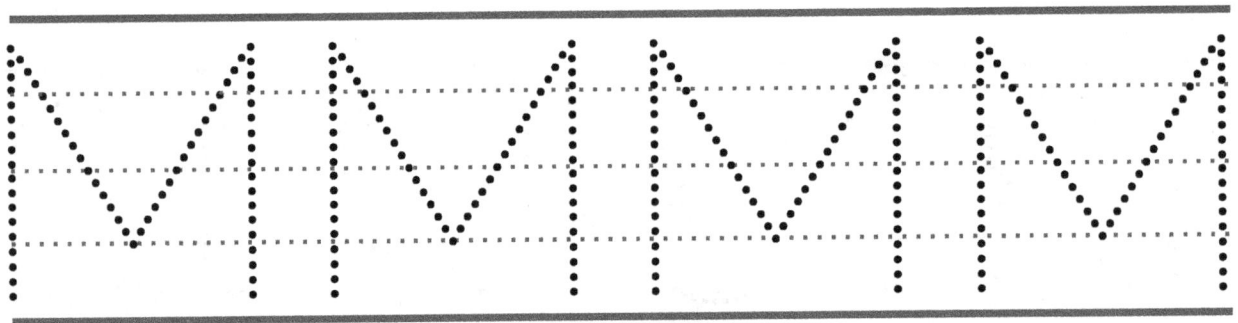

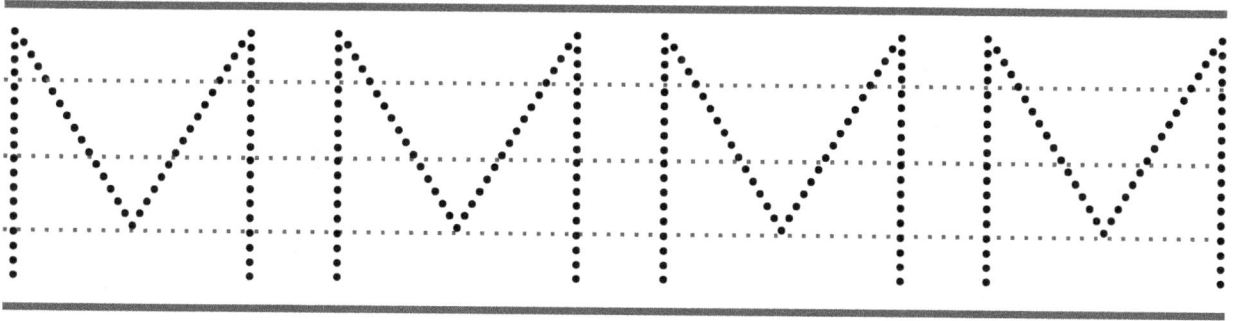

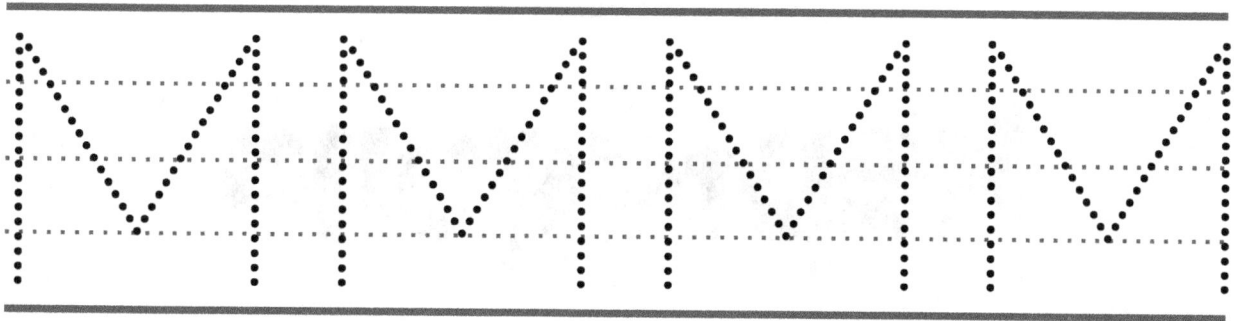

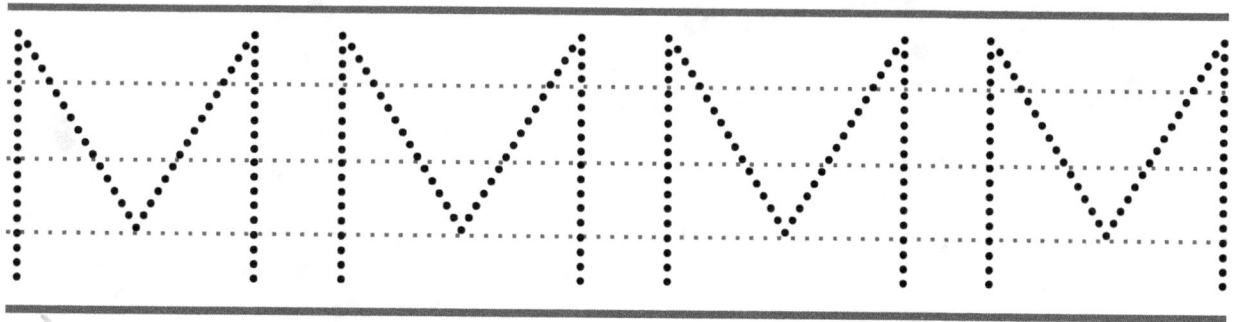

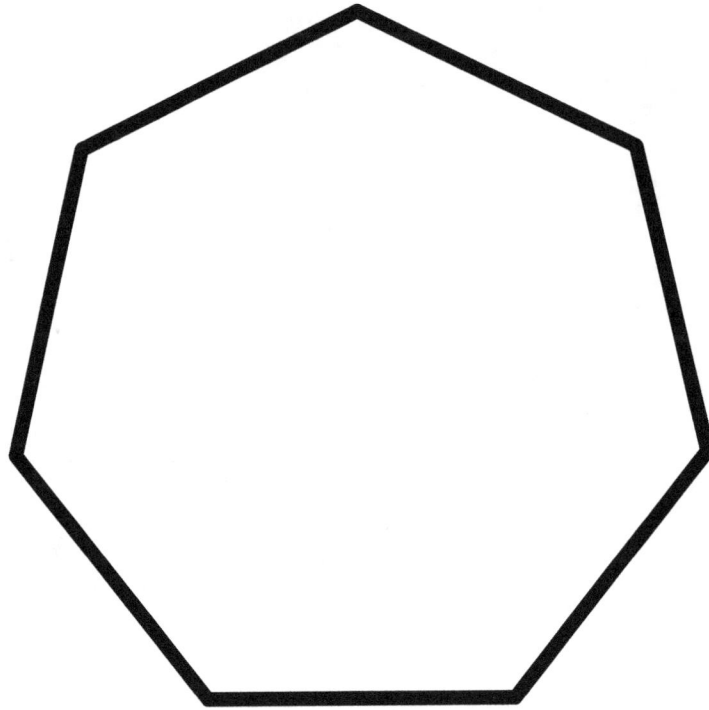

Heptágono

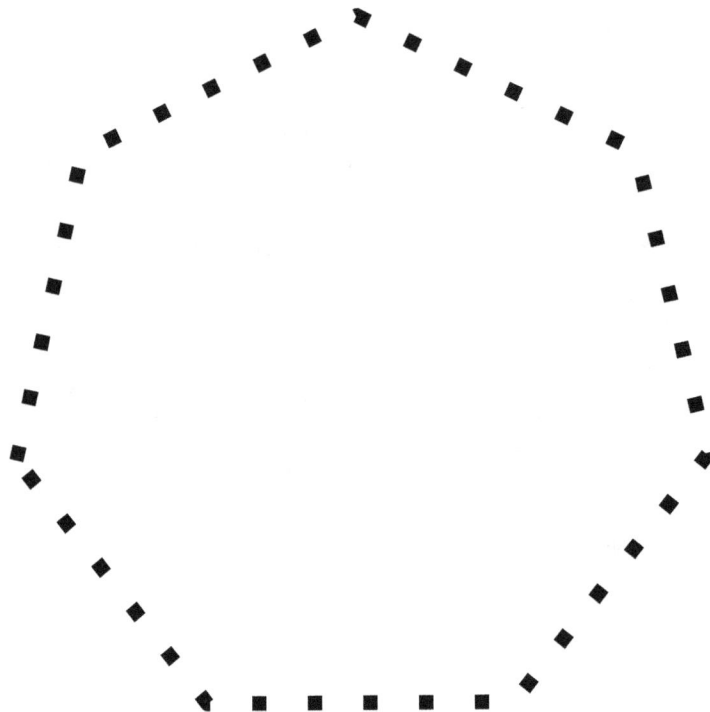

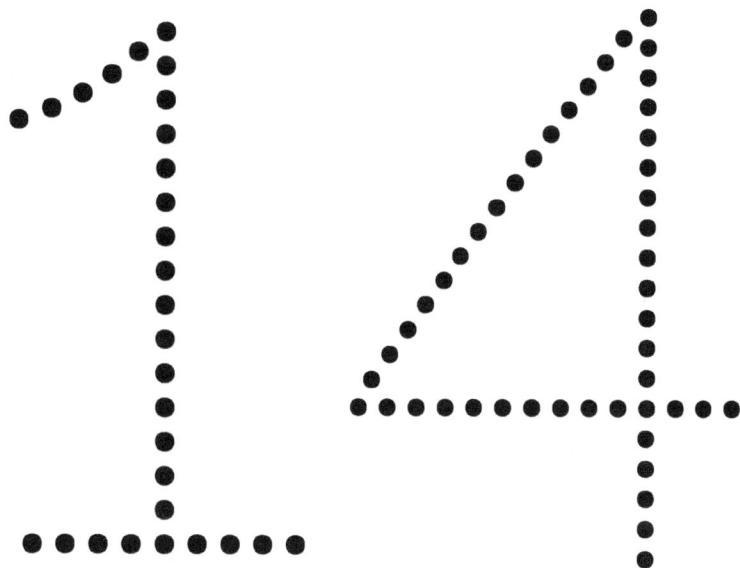

Catorce

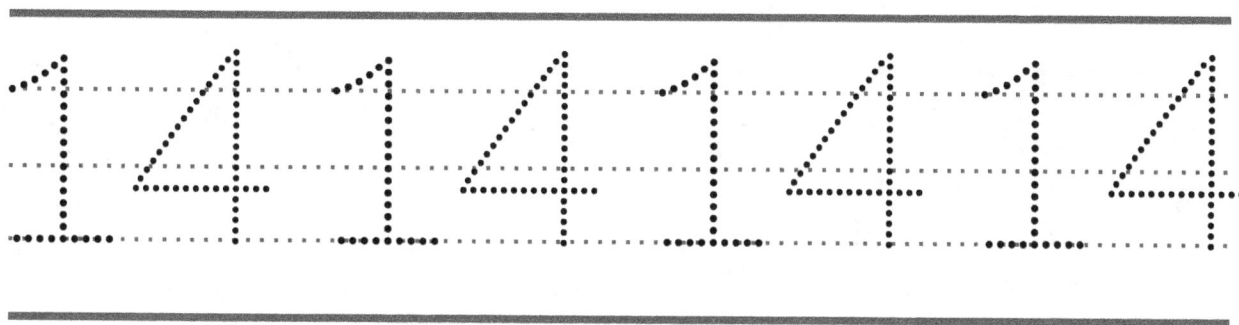

14 14 14 14

14 14 14 14

14 14 14 14

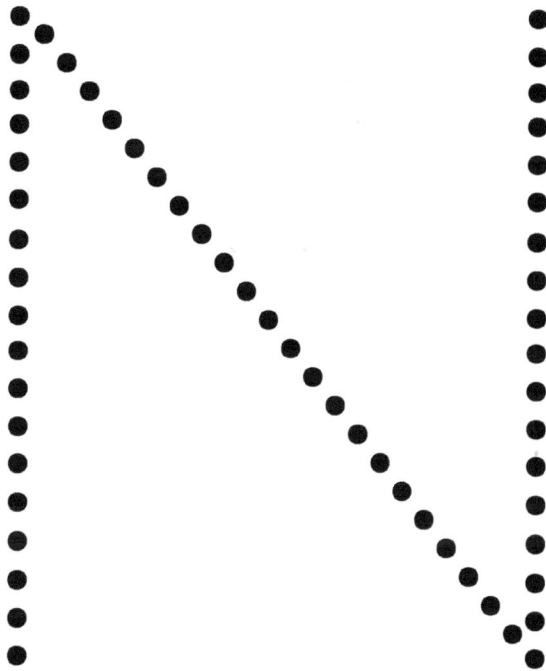

De Naturaleza

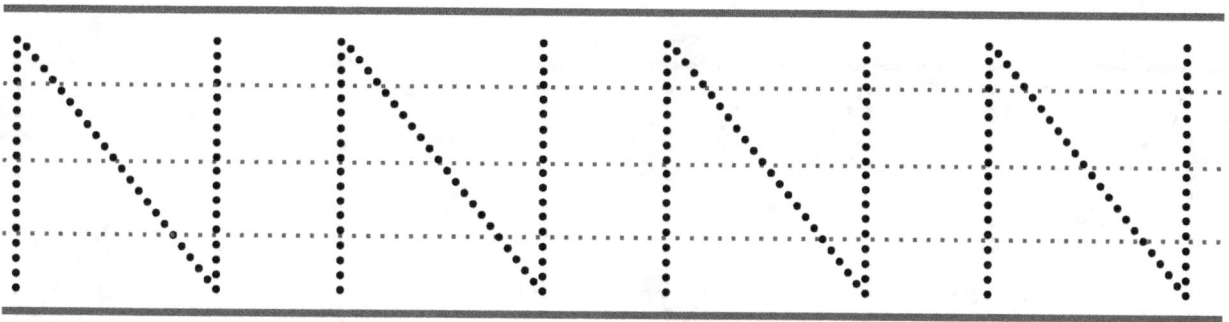

NNNNNN

NNNNNN

NNNNNN

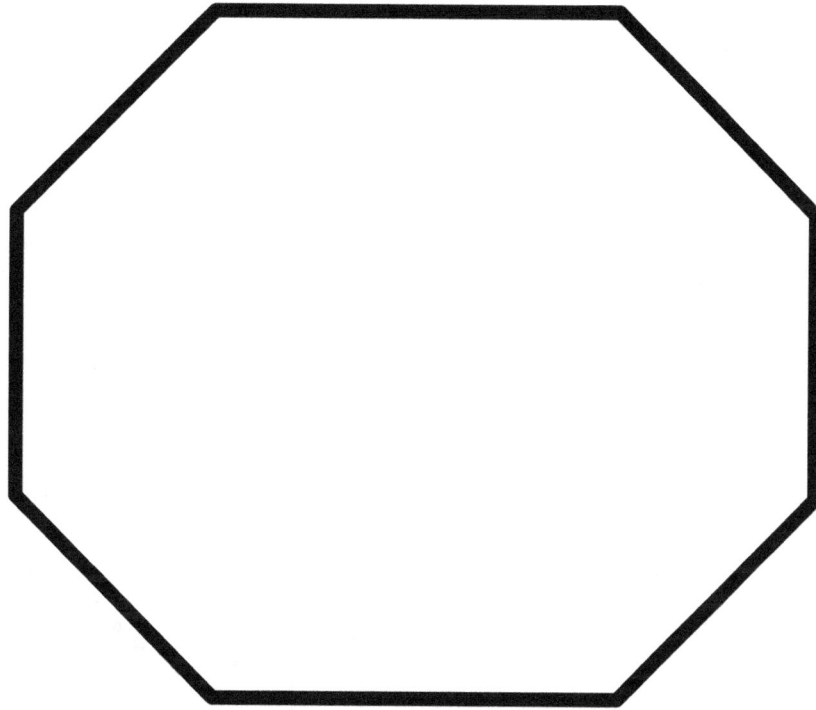

Octágono

15

Quince

15 15 15 15

15 15 15 15

15 15 15 15

15 15 15 15

De Ñu

N N N N

N N N N

N N N N

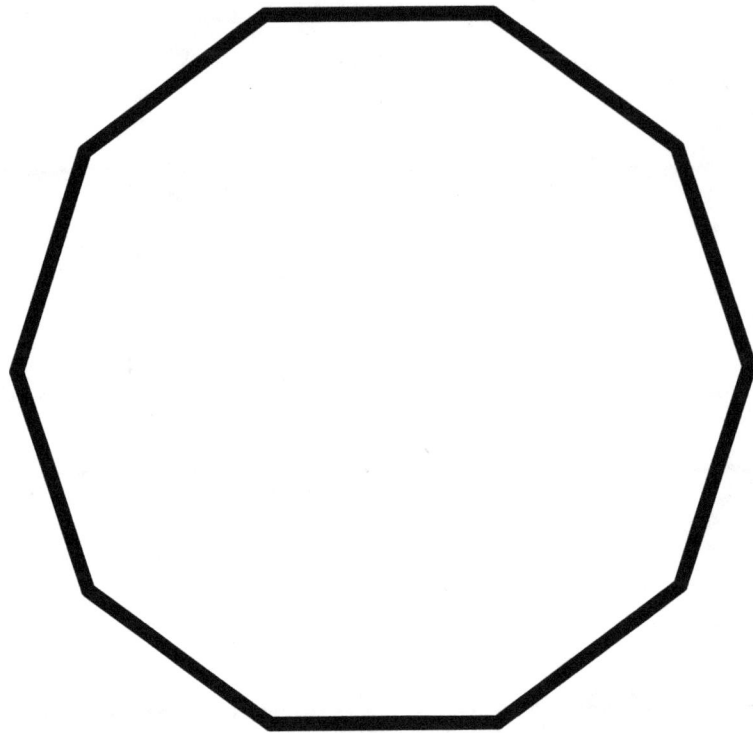

Decágono

16

Dieciséis

16 16 16 16

16 16 16 16

16 16 16 16

16 16 16 16

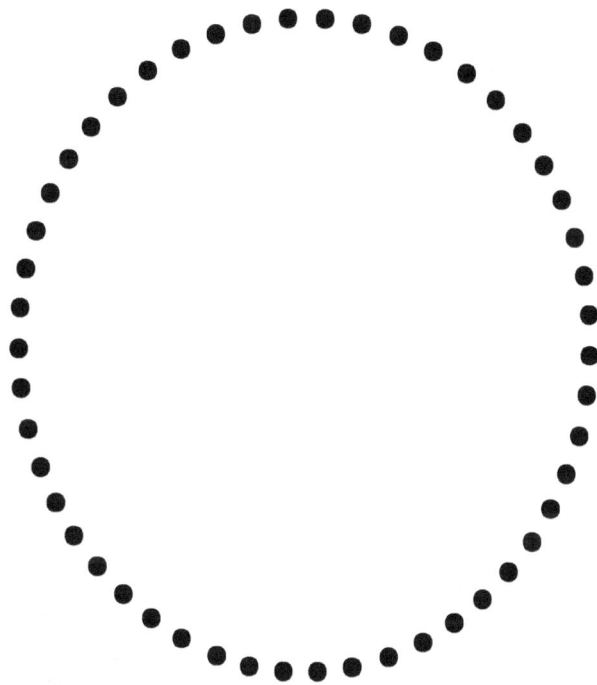

De Oso

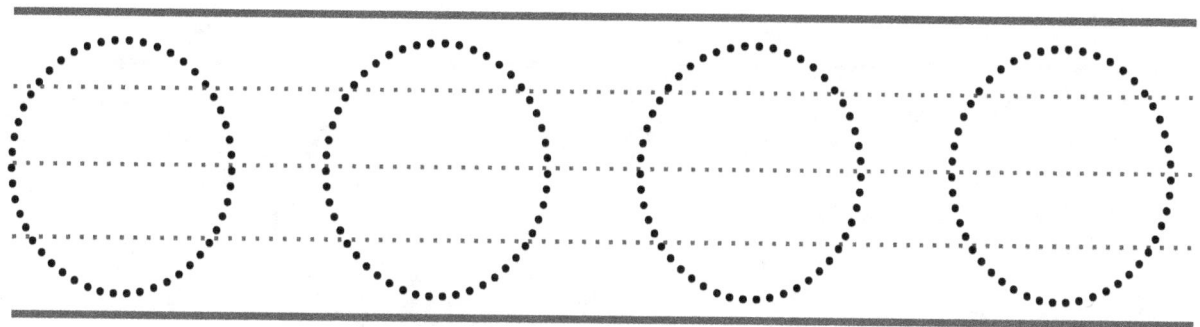

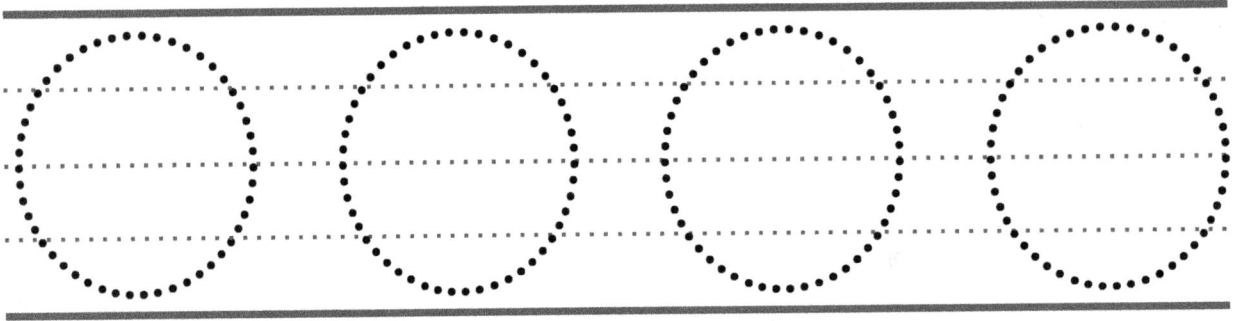

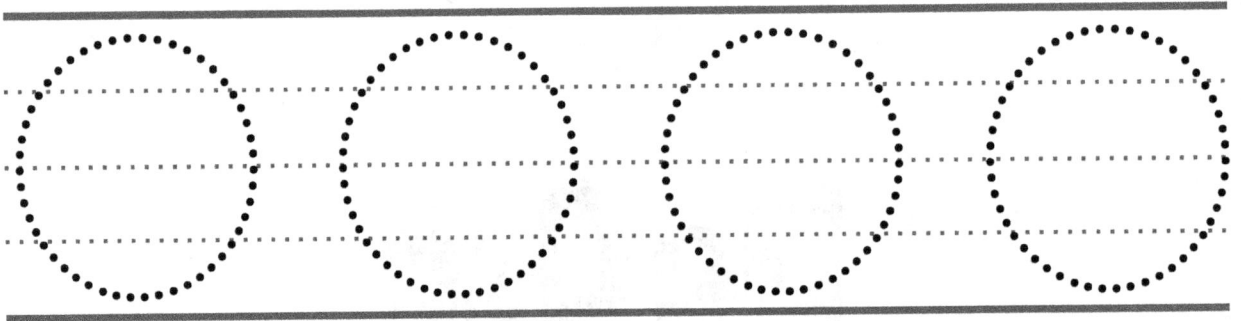

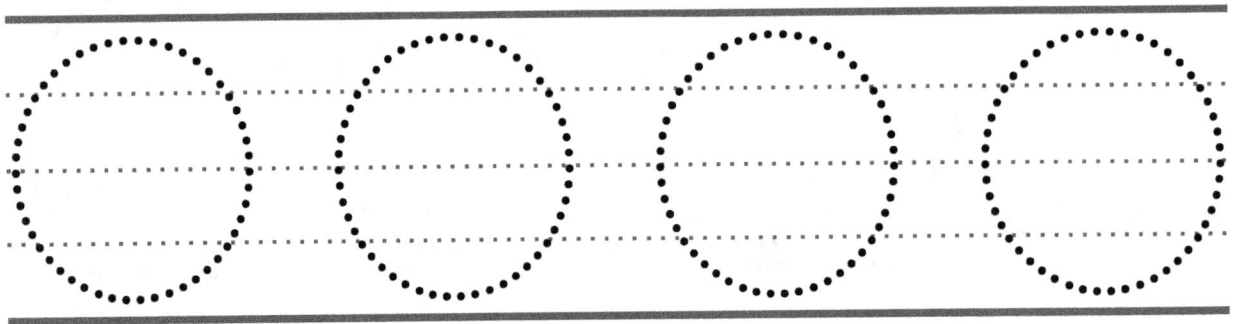

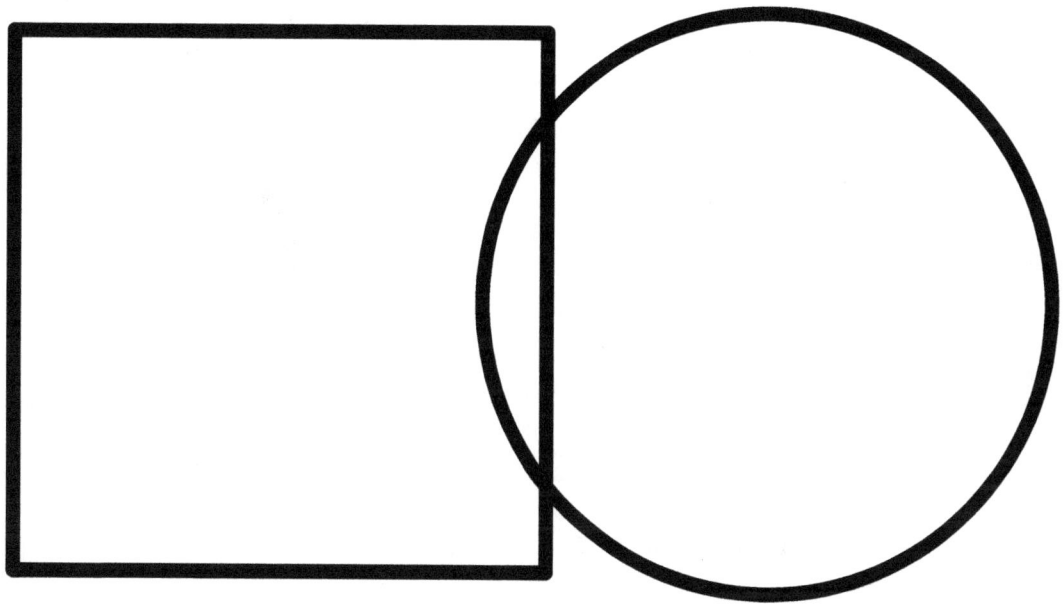

Círculo + ...

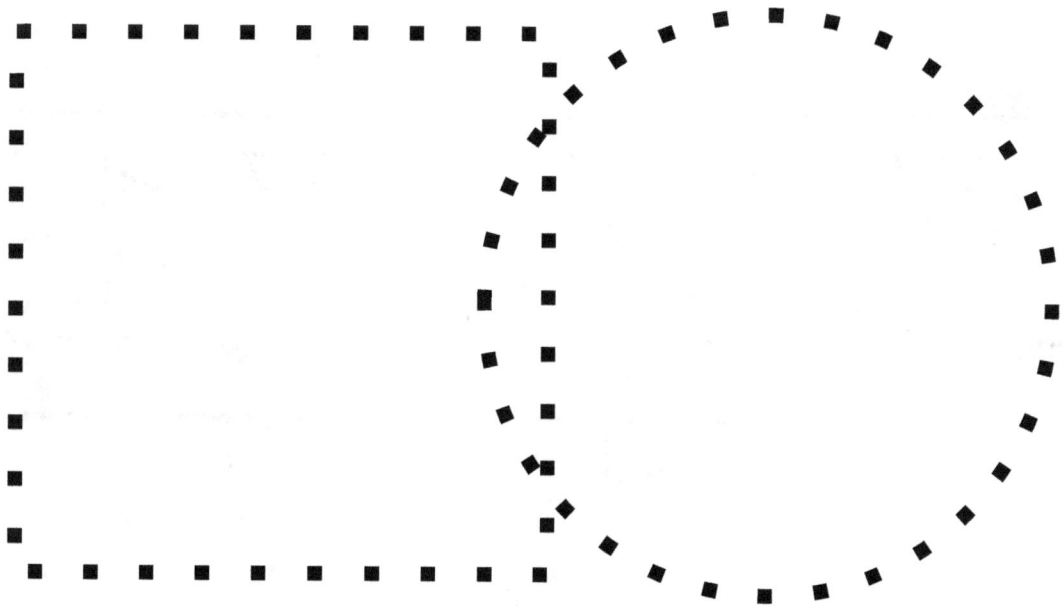

17

Diecisiete

17 17 17 17

17 17 17 17

17 17 17 17

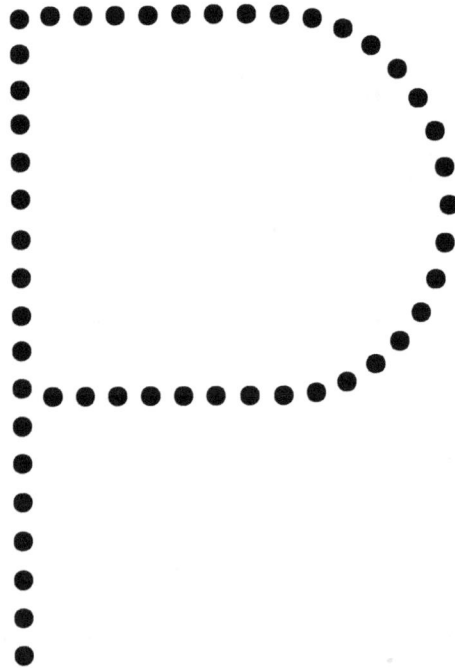

De Puerta

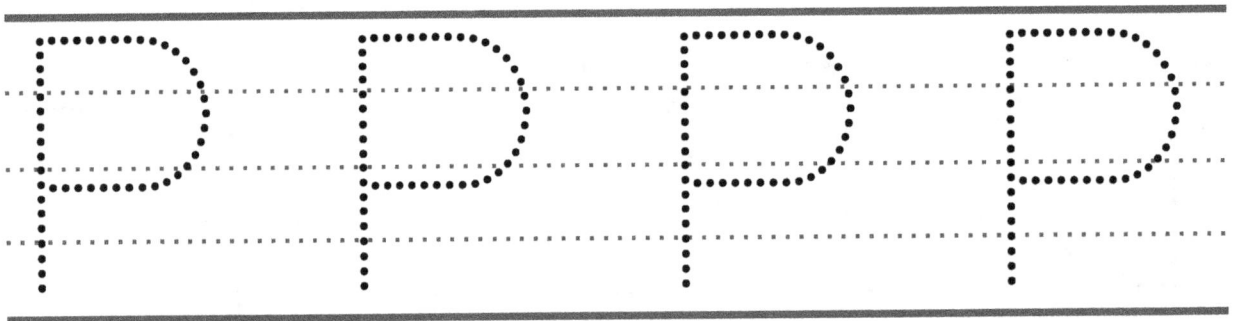

P P P P

P P P P

P P P P

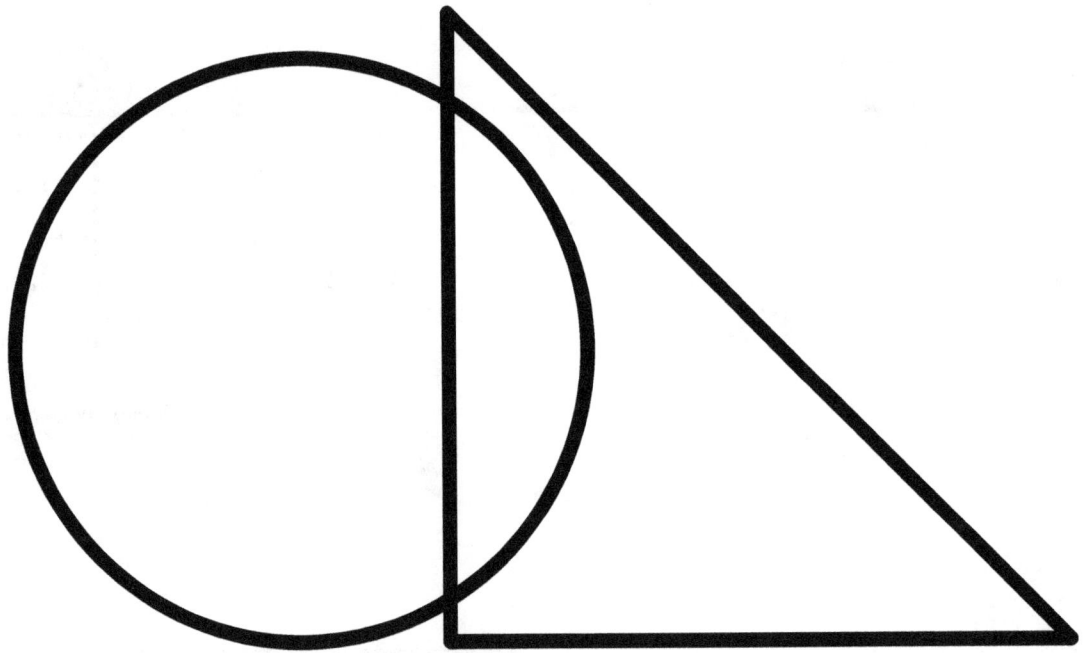

Círculo + ...

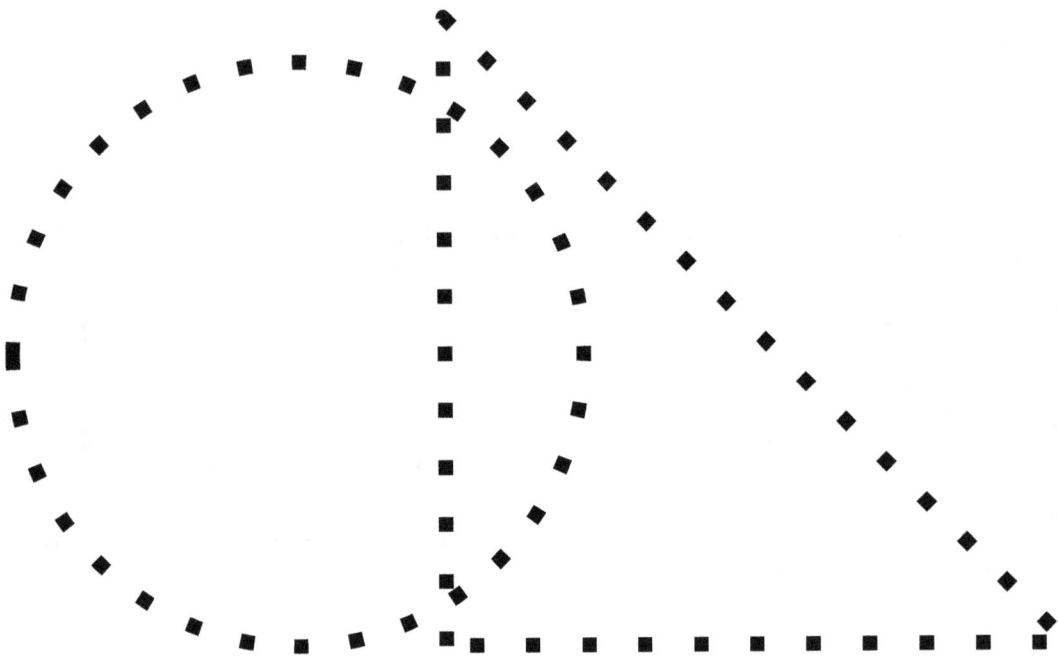

18

Dieciocho

18 18 18 18

18 18 18 18

18 18 18 18

18 18 18 18

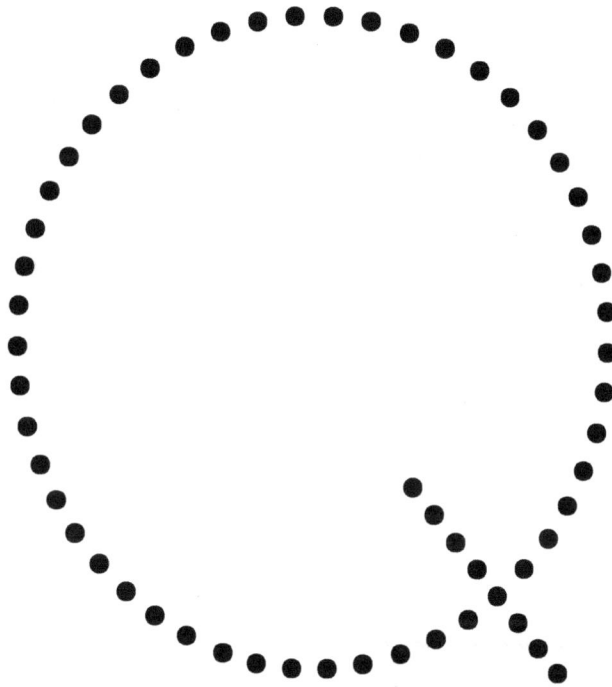

De Queso

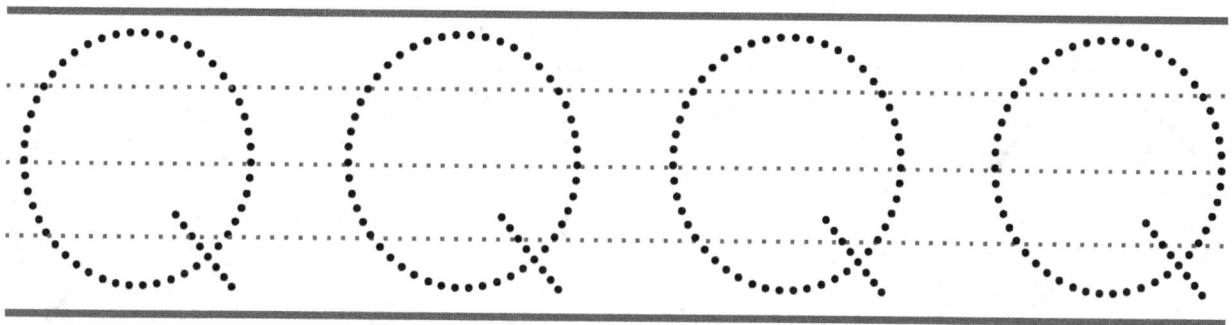

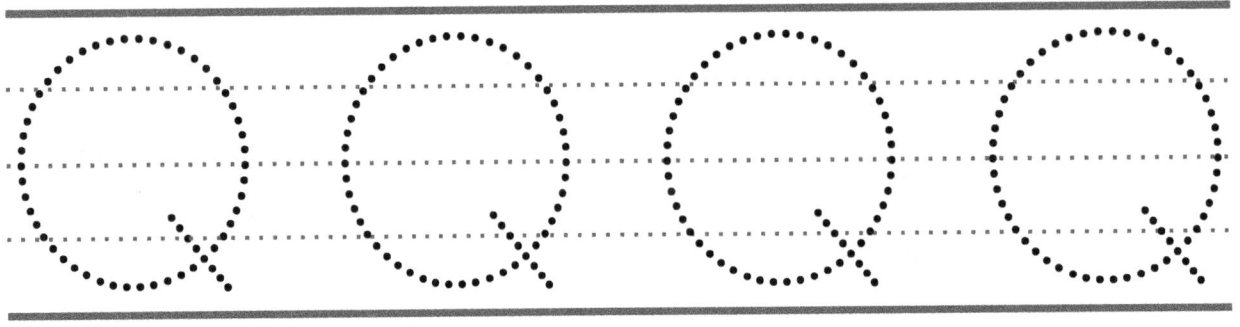

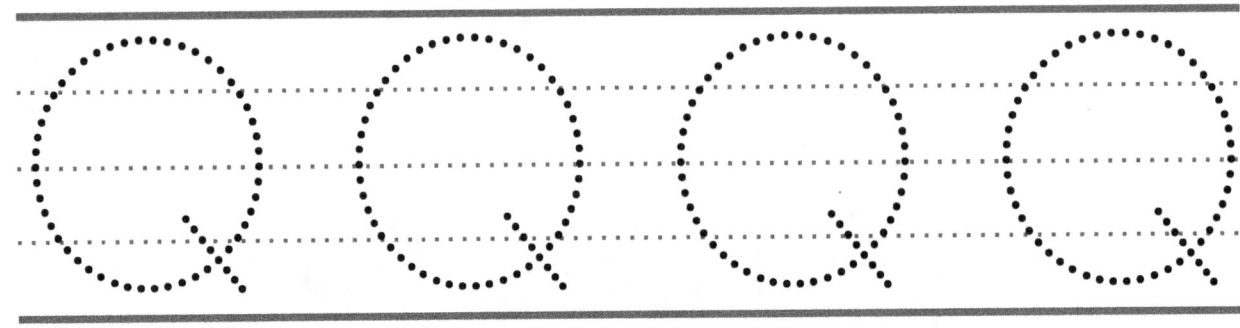

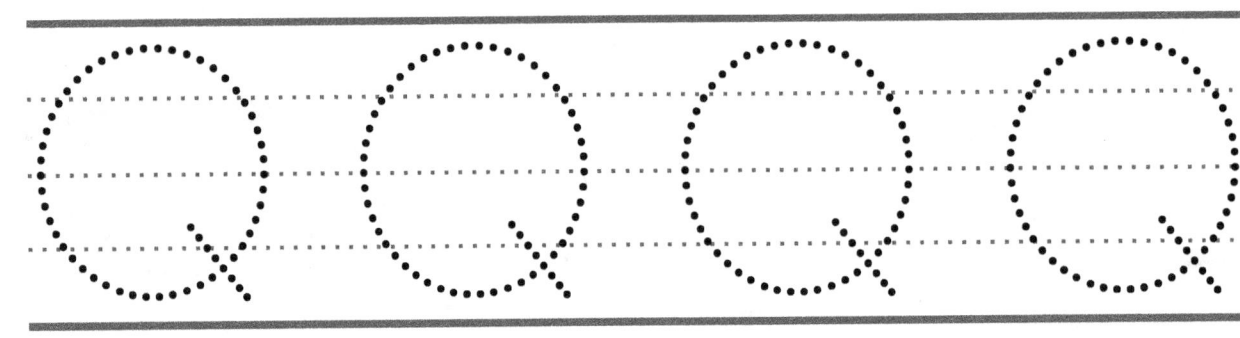

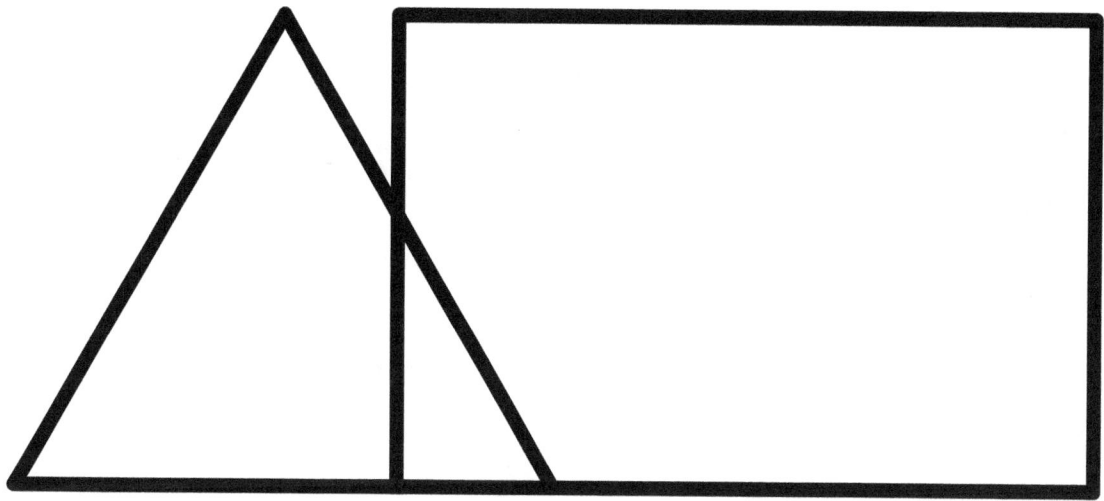

Triángulo + ...

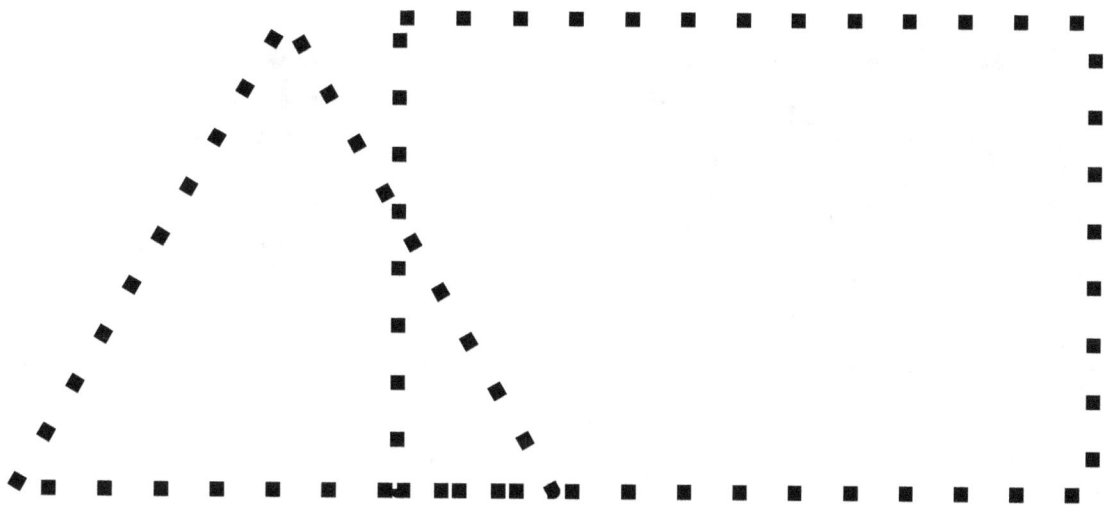

Diecinueve

1919191919

1919191919

1919191919

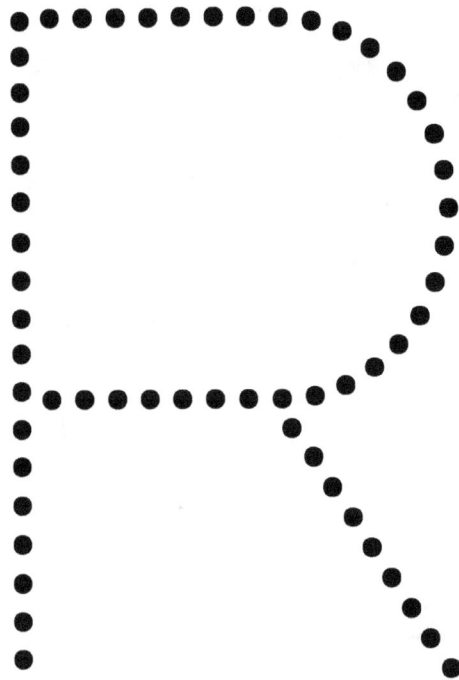

De Ropa

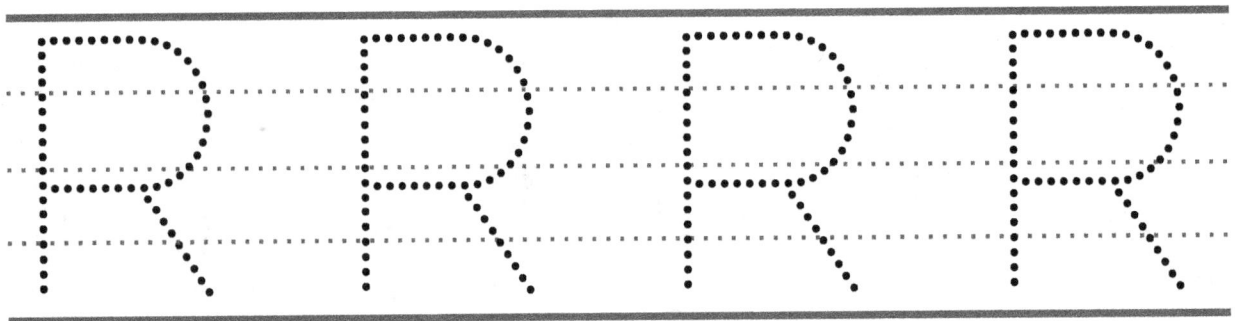

R R R R

R R R R

R R R R

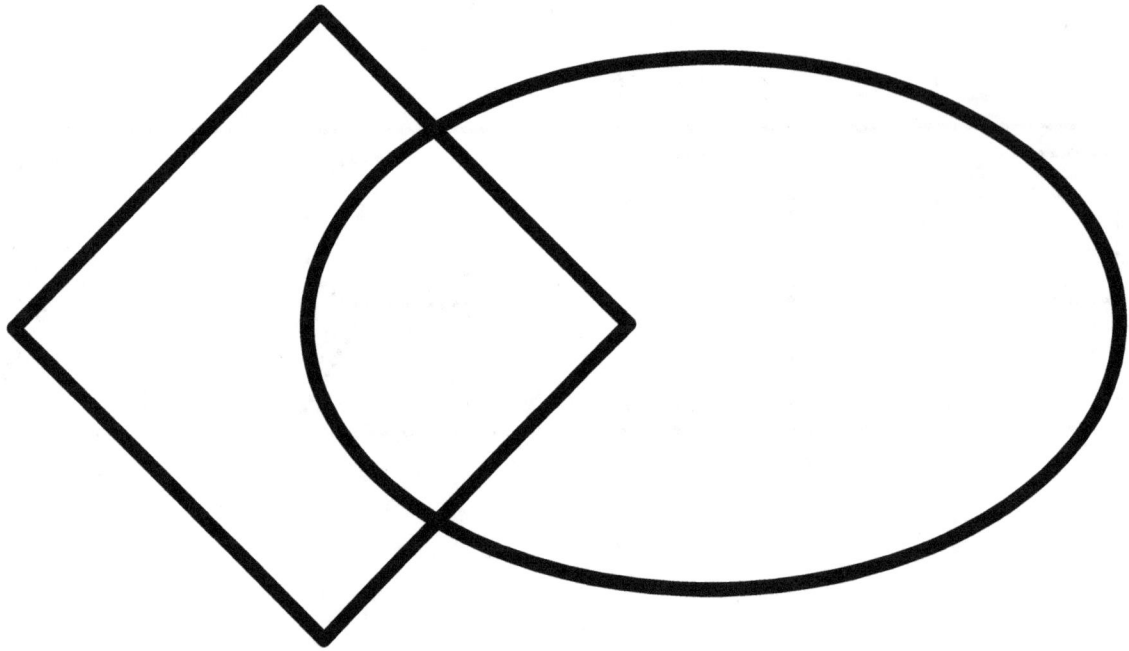

Rombo + ...

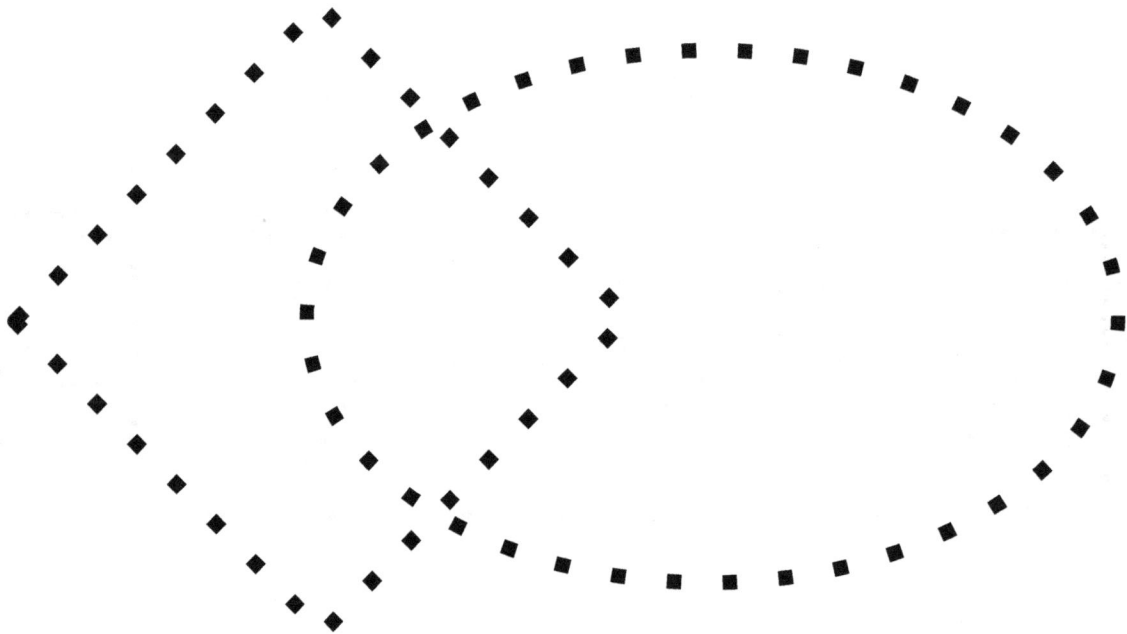

20

Veinte

2020202020

20202020

20202020

20202020

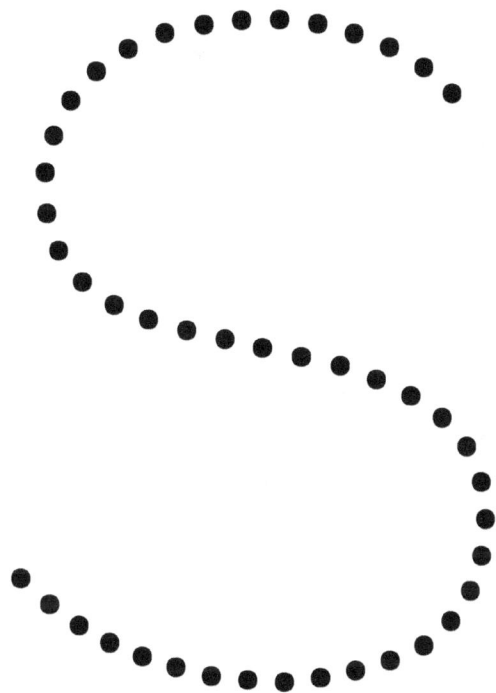

De Saltar

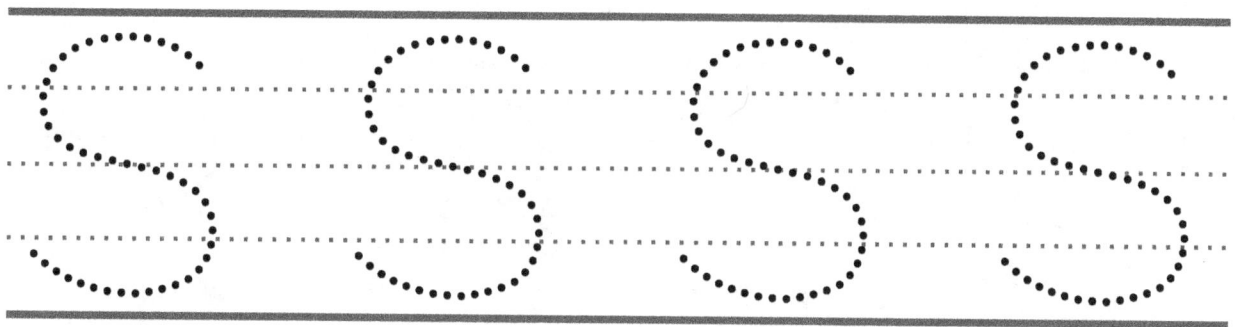

S S S S

S S S S

S S S S

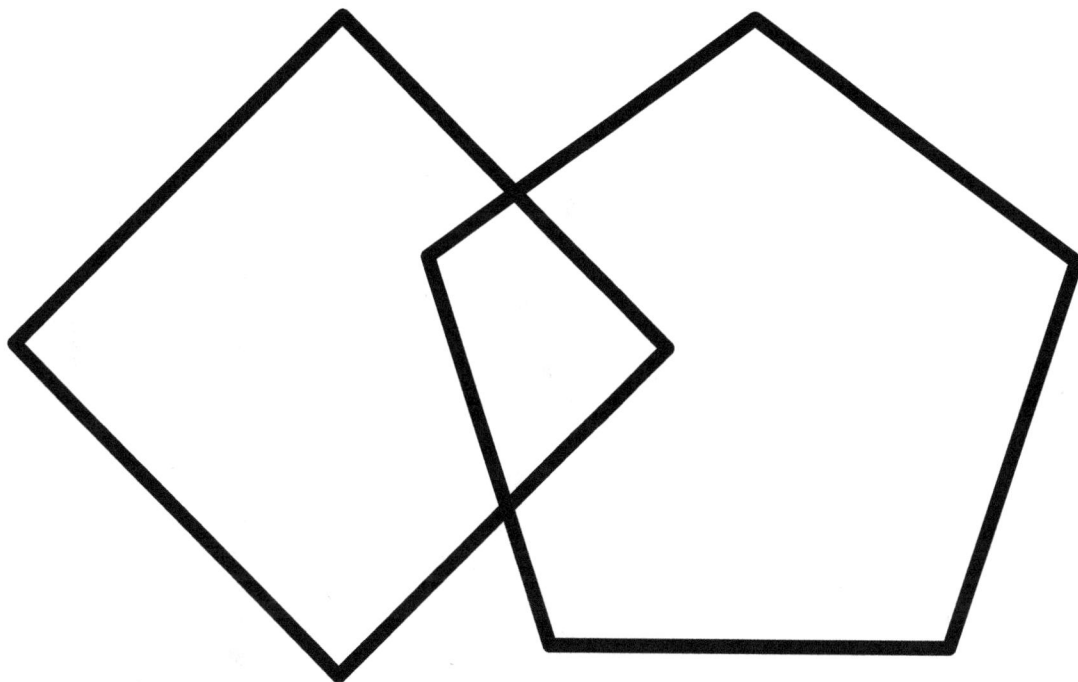

Rombo + ...

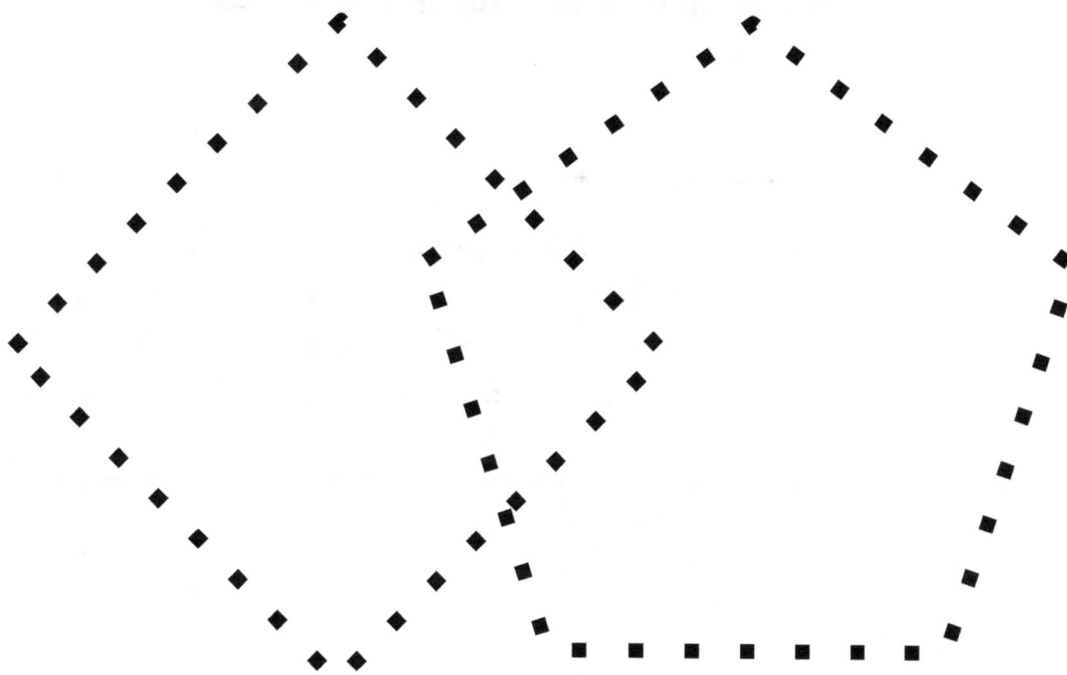

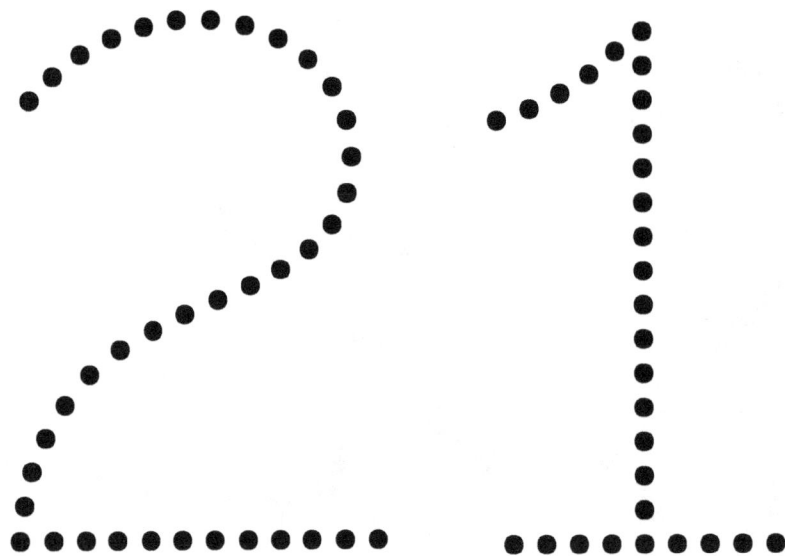

Veintiuno

21 21 21 21 21

21 21 21 21

21 21 21 21

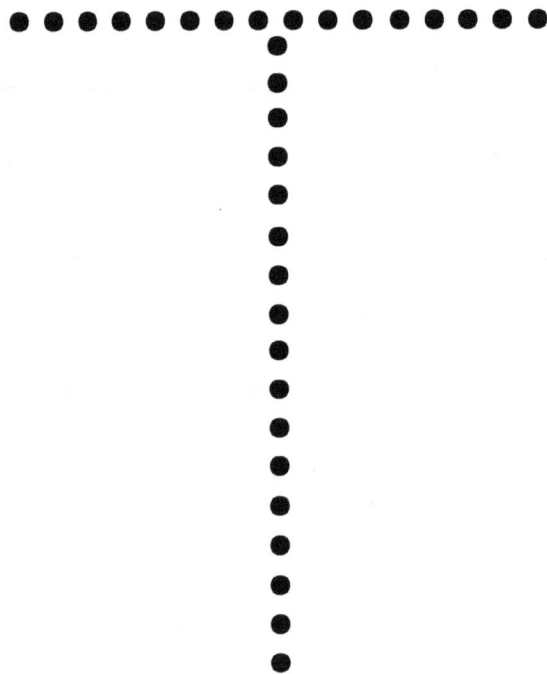

De Tigre

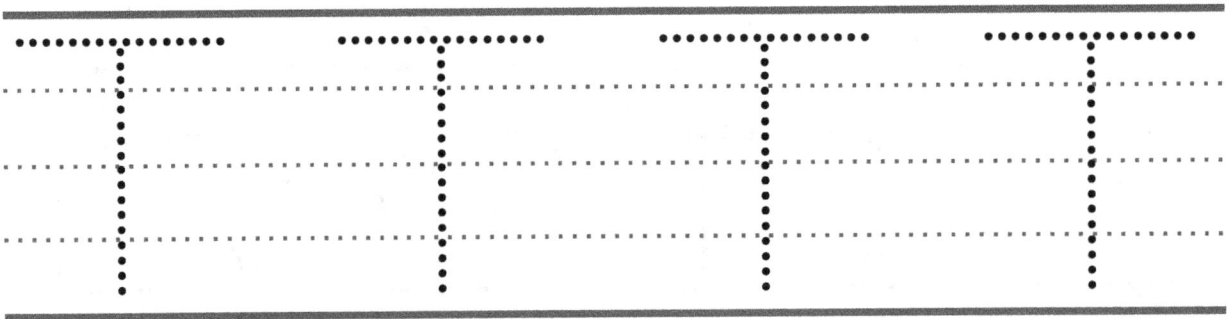

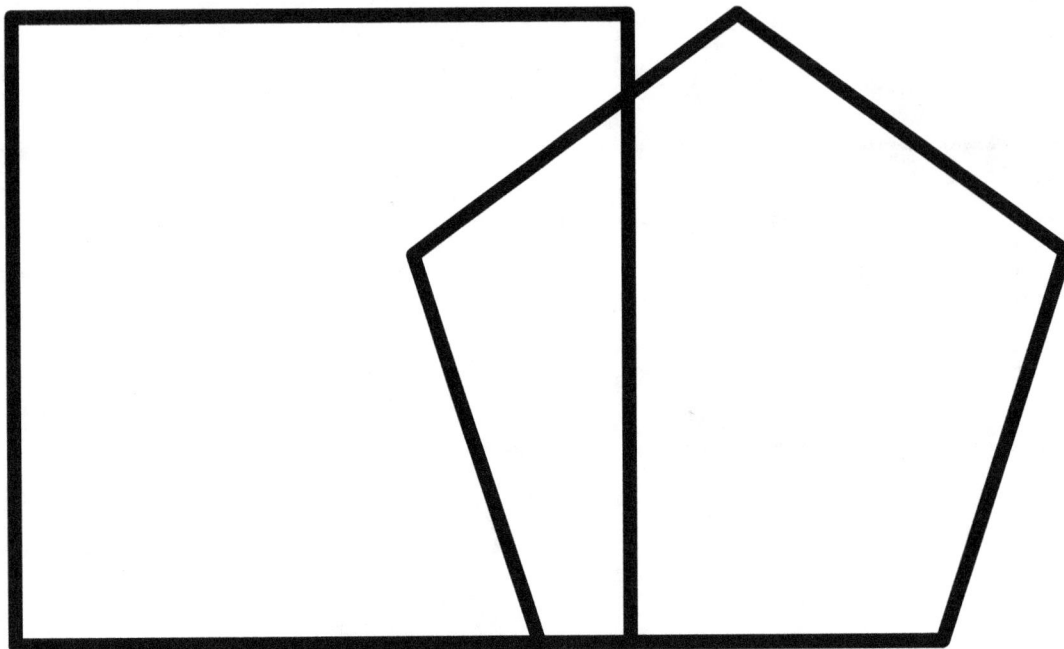

Cuadrado + ...

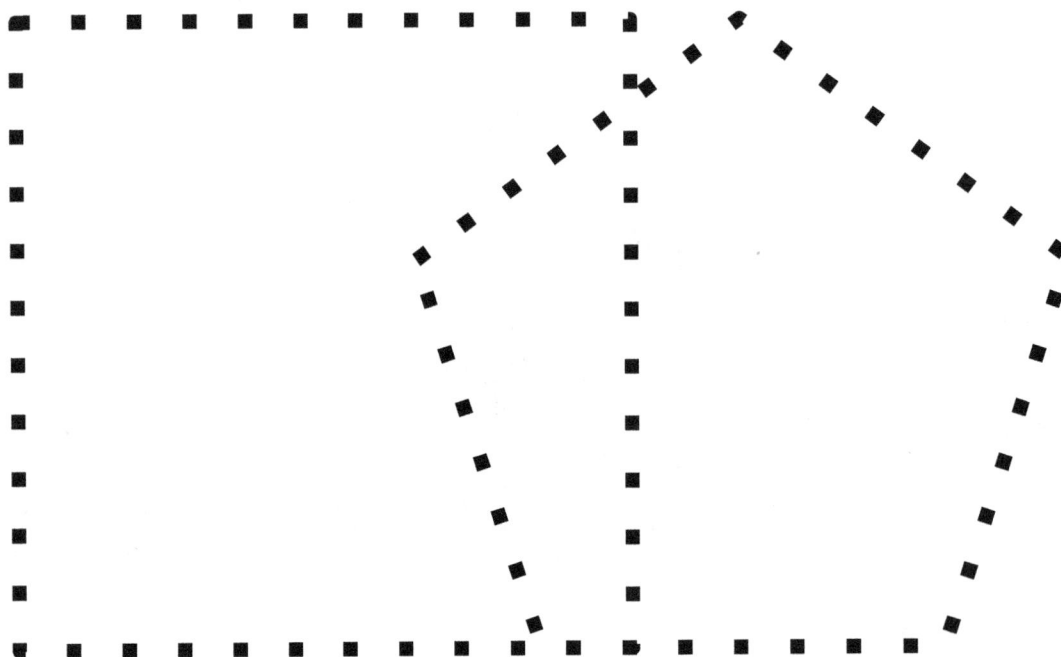

Veintidós

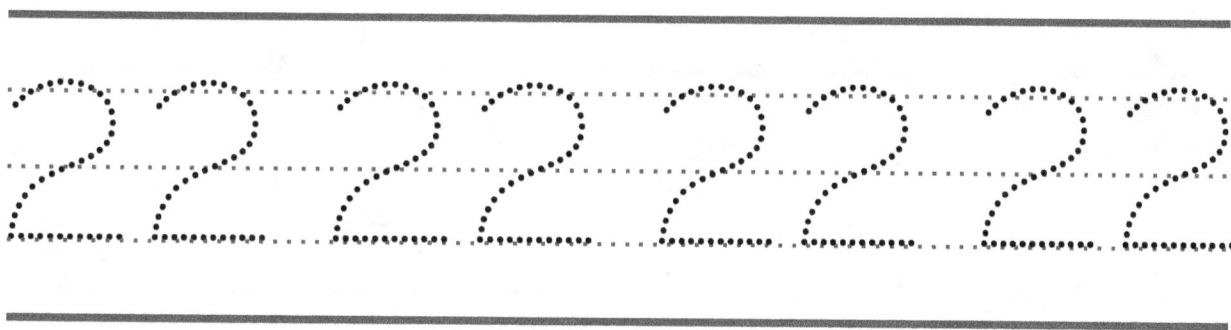

2 2 2 2 2 2 2

2 2 2 2 2 2 2

2 2 2 2 2 2 2

De Universo

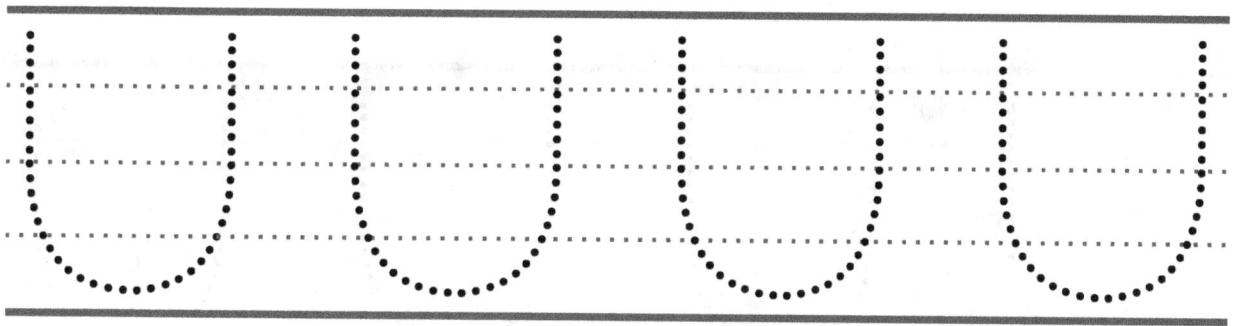

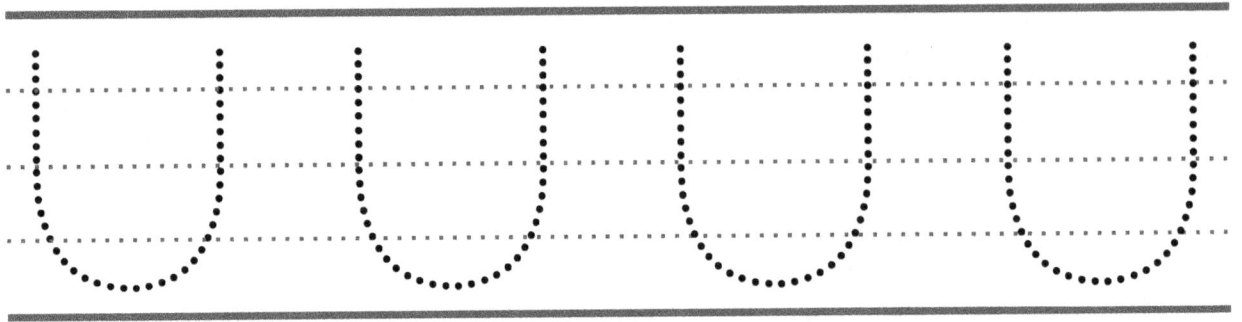

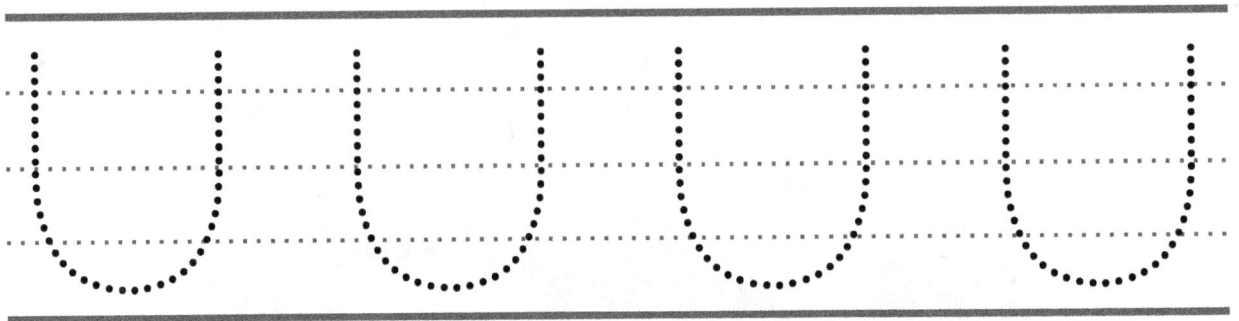

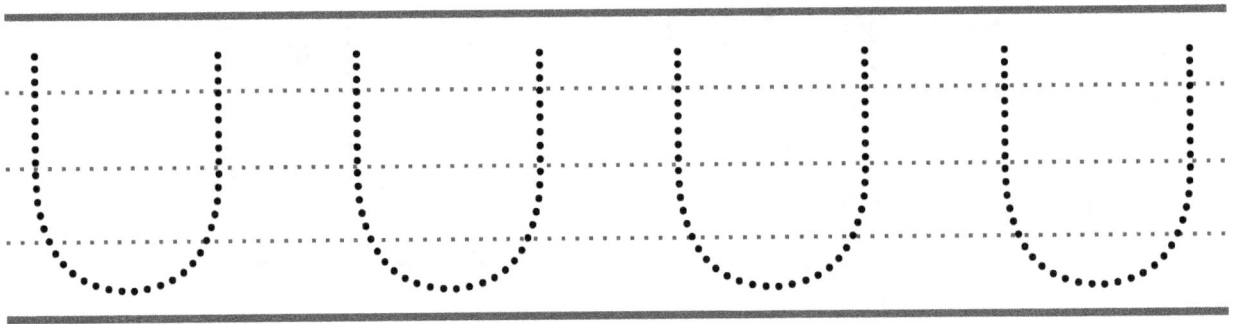

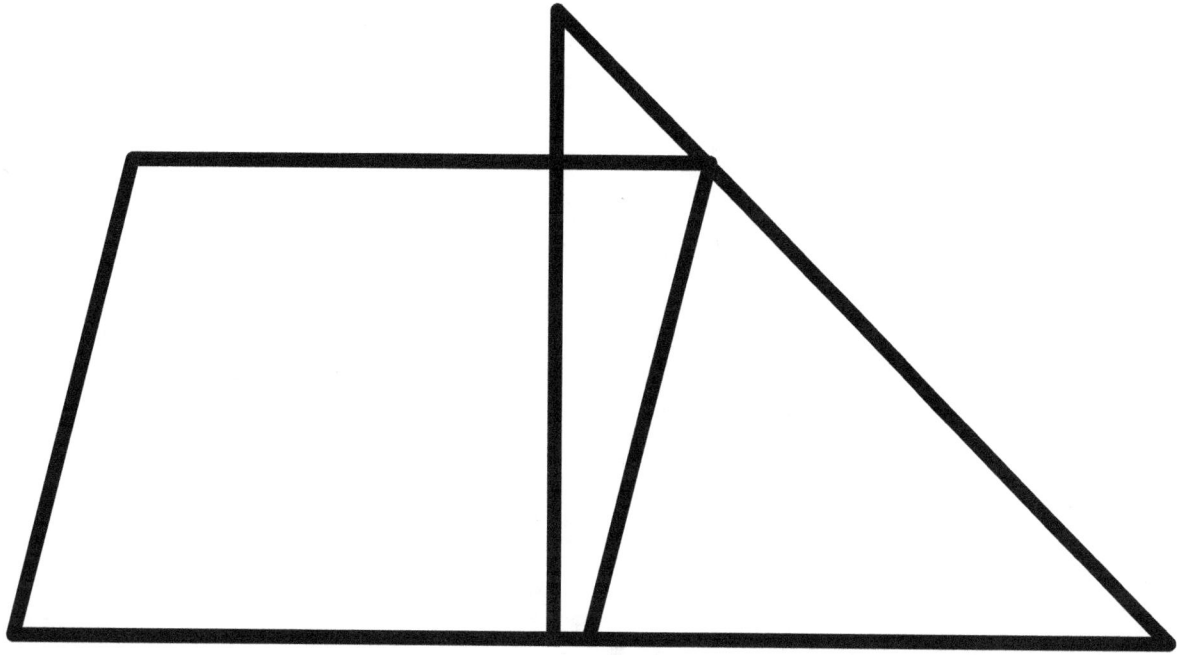

Paralelogramo + ...

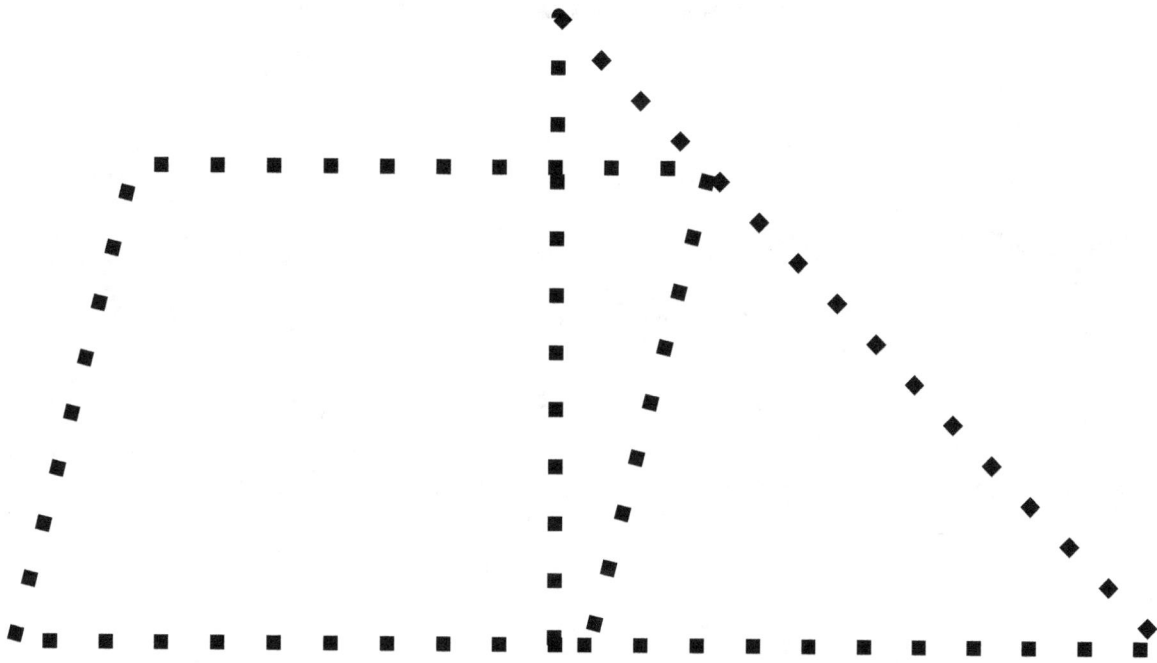

Veintitrés

2 3 2 3 2 3 2 3

2 3 2 3 2 3 2 3

2 3 2 3 2 3 2 3

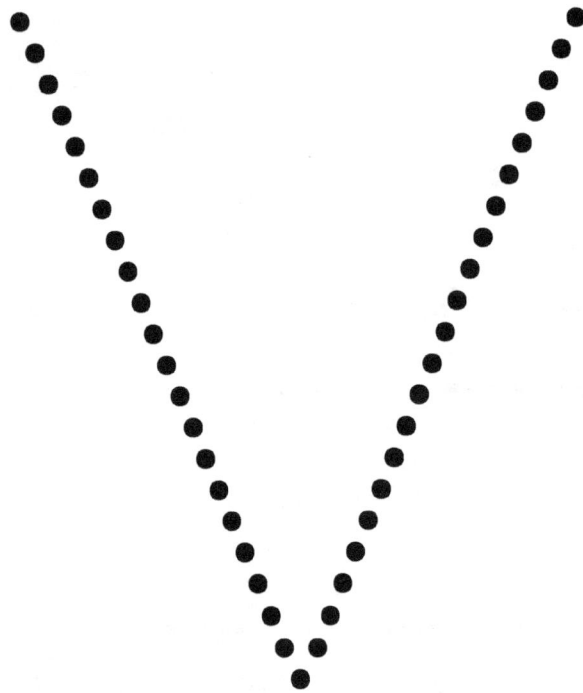

De Vaca

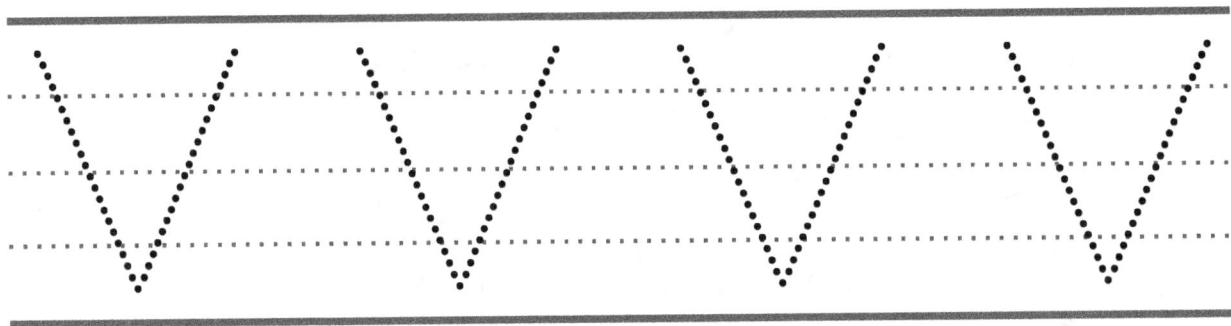

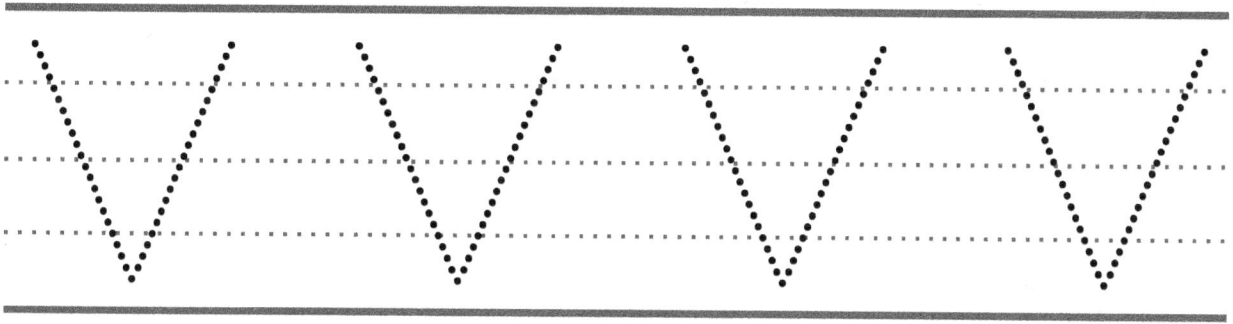

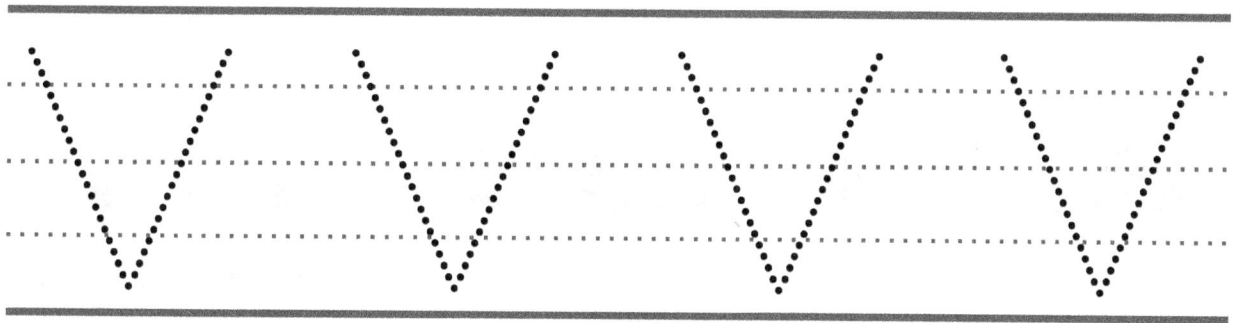

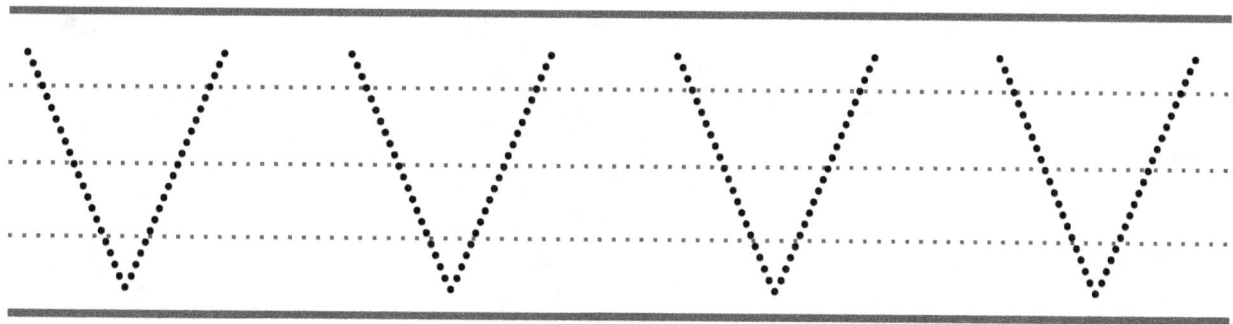

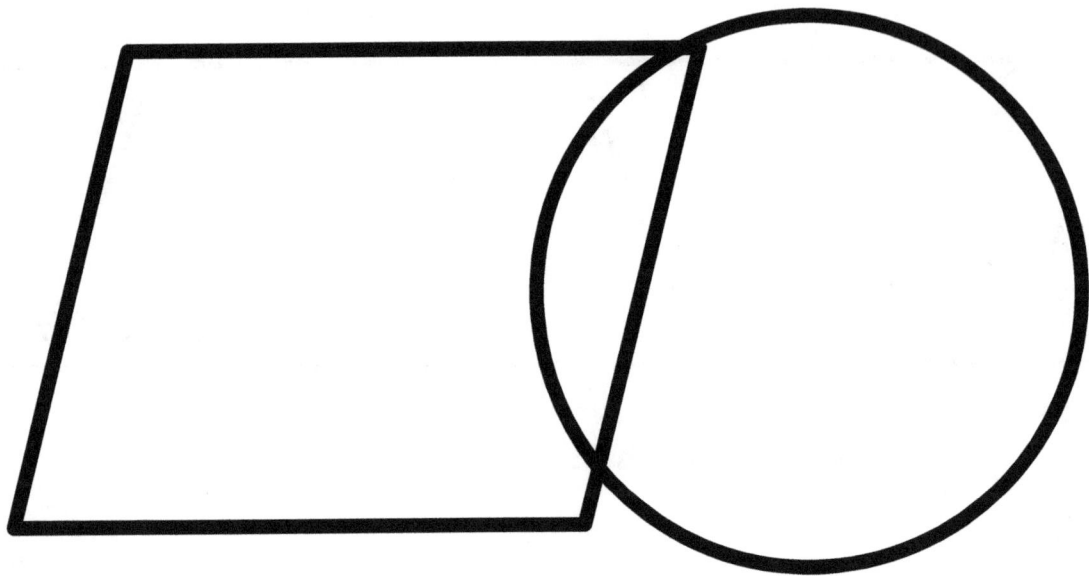

Paralelogramo + ...

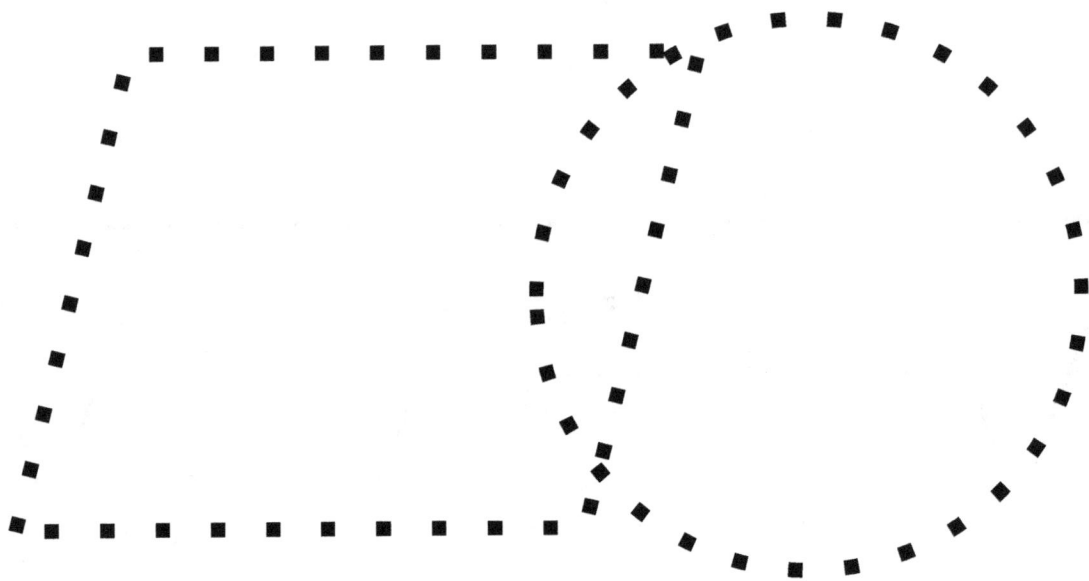

24

Veinticuatro

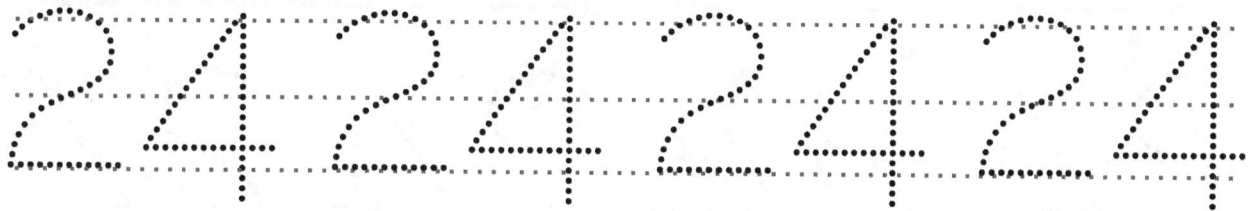

24 24 24 24

24 24 24 24

24 24 24 24

24 24 24 24

De Waffle

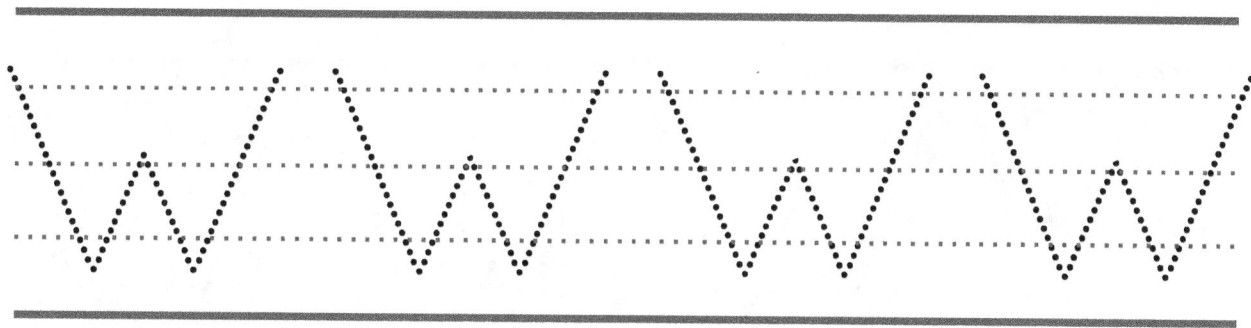

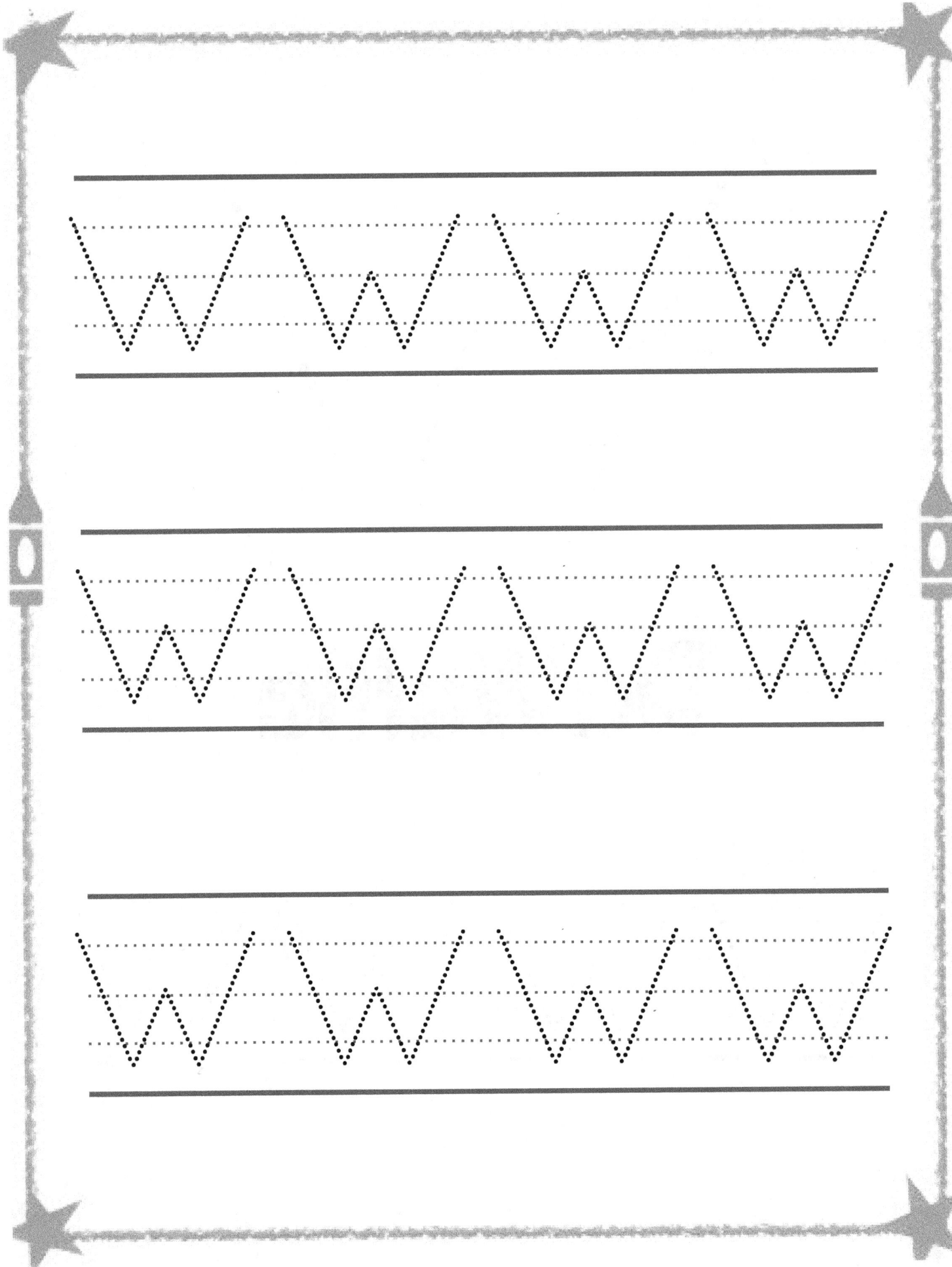

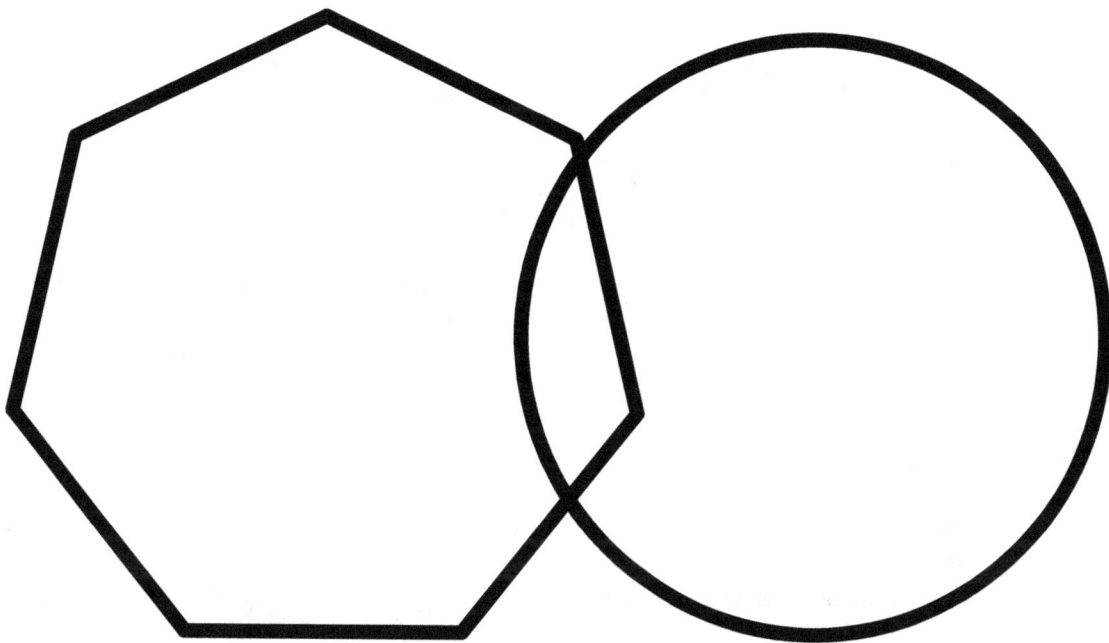

Heptágono + ...

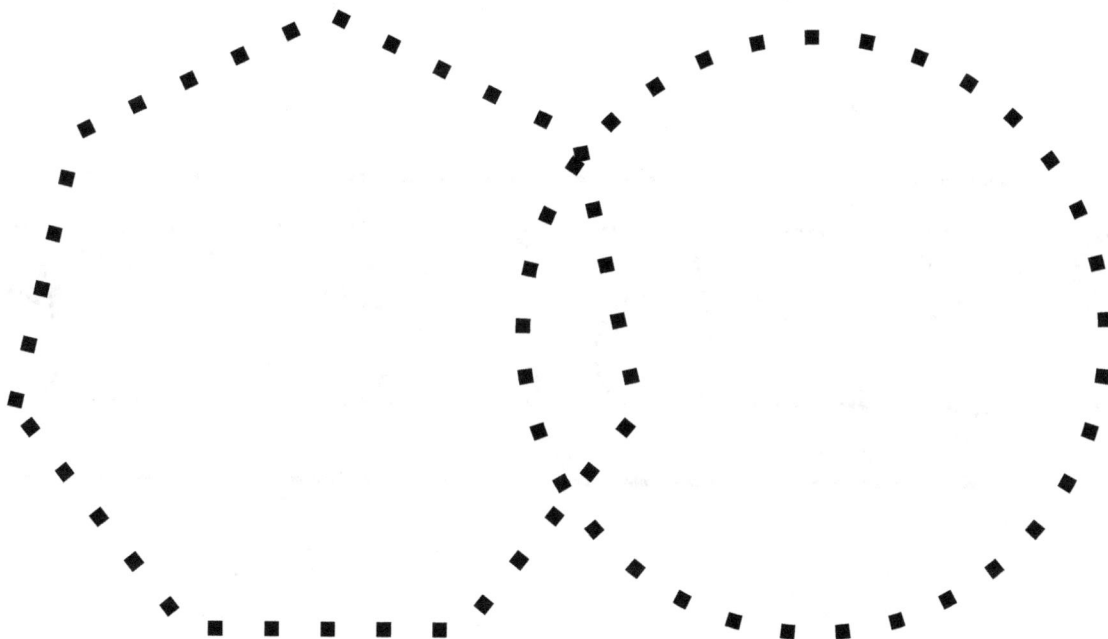

Veinticinco

25252525

25252525

25252525

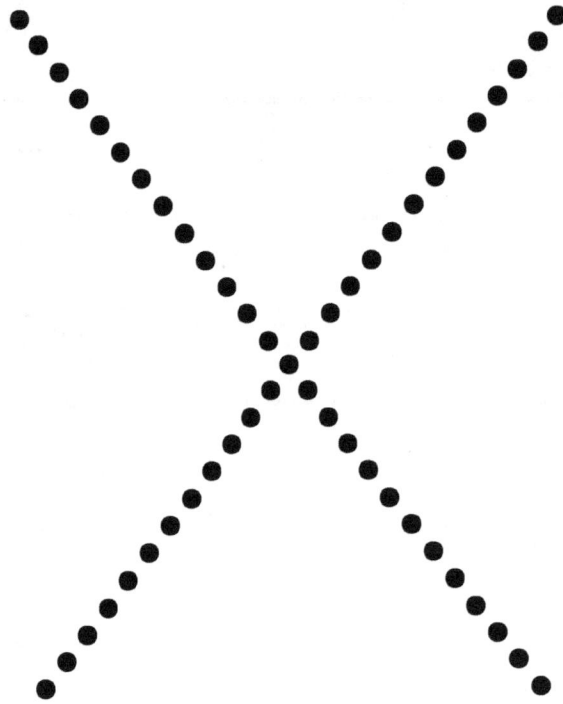

De Xilófono

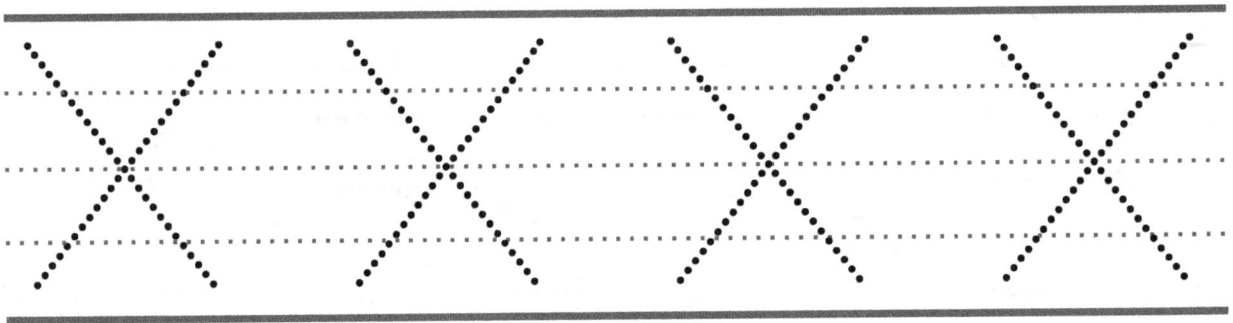

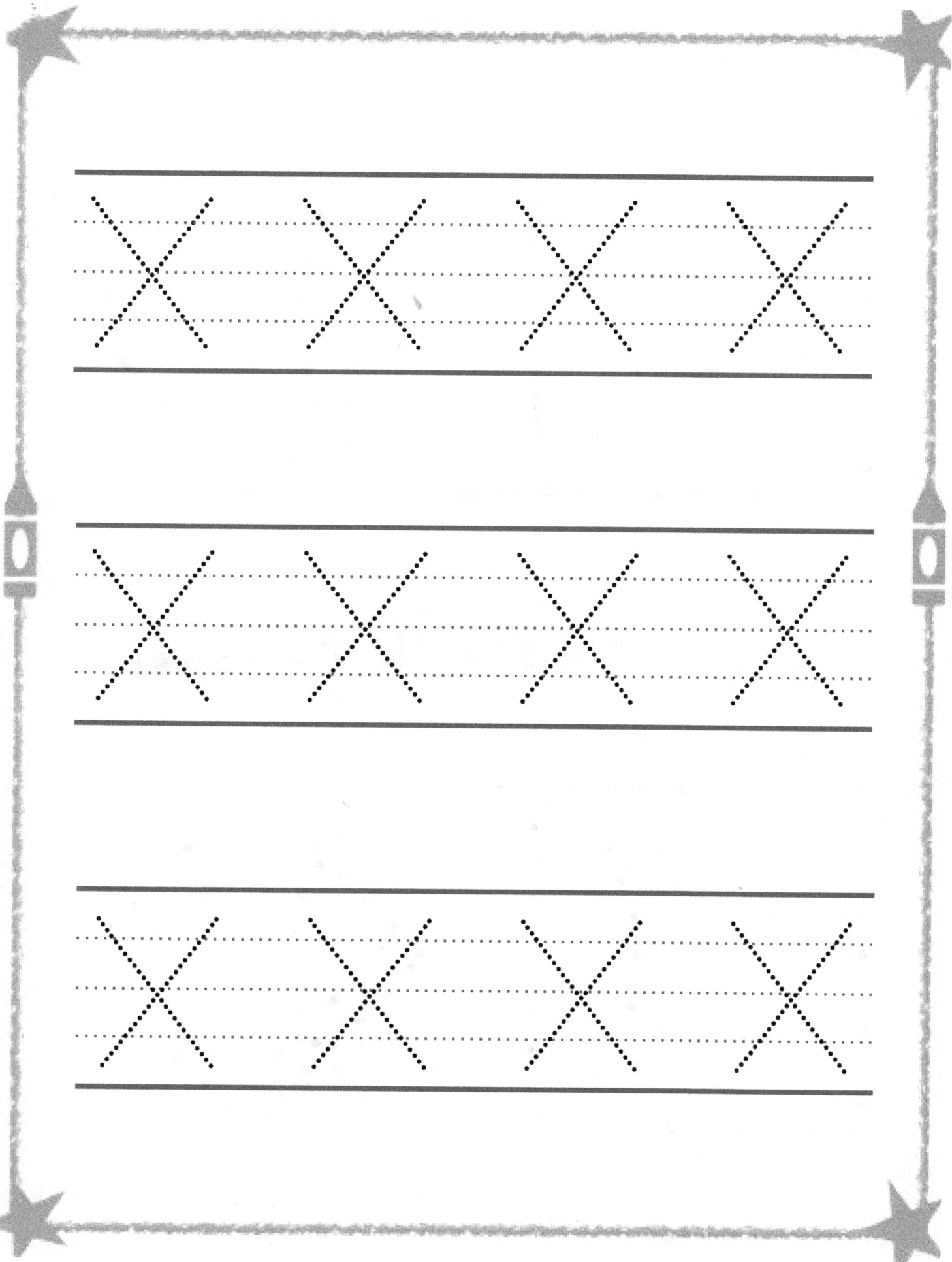

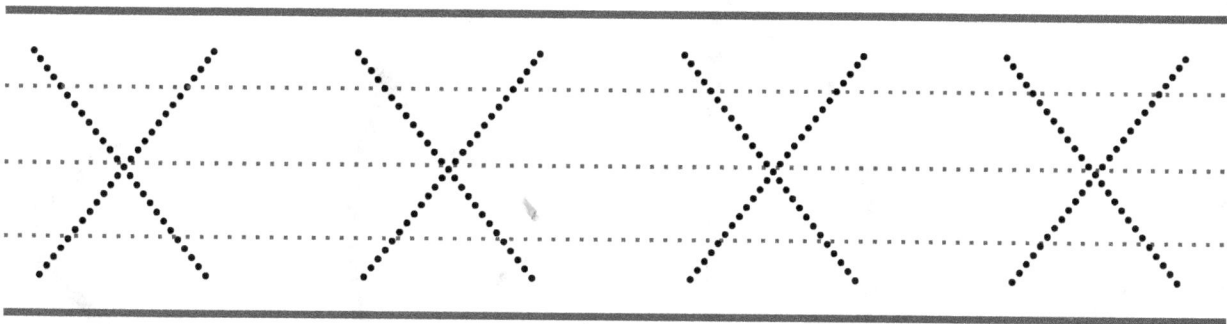

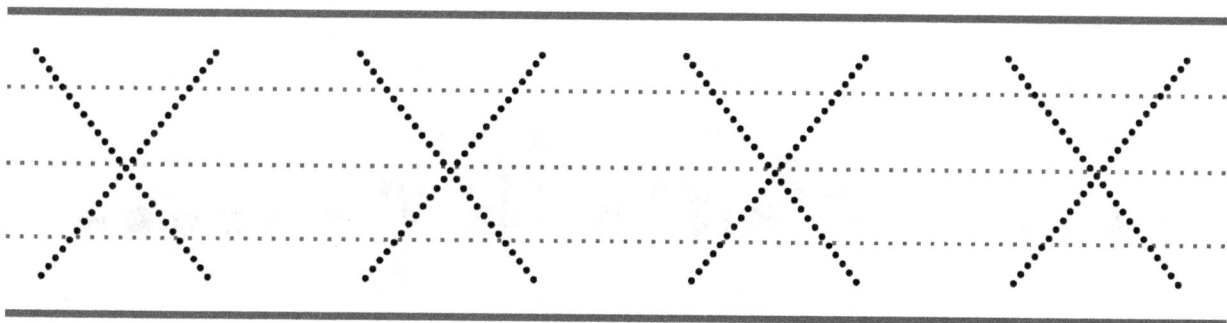

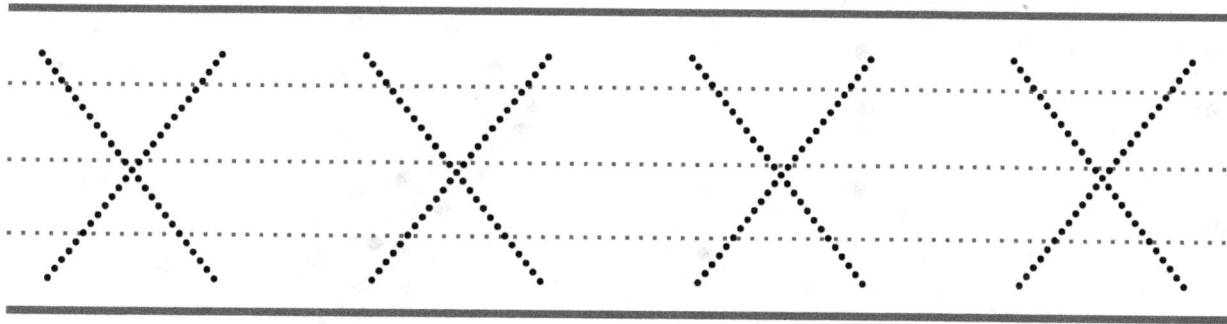

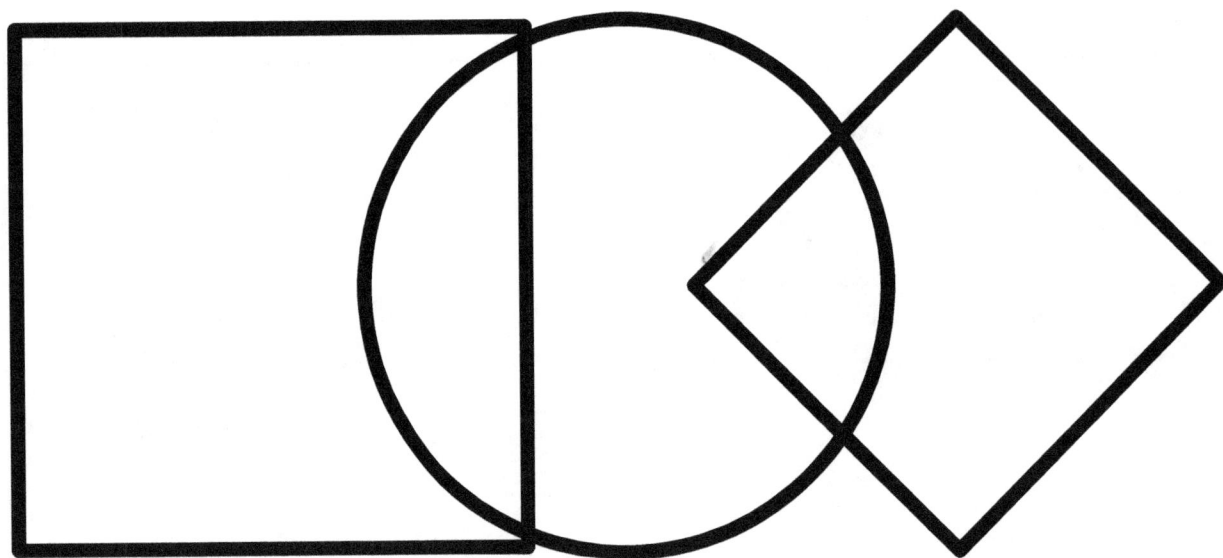

.... + **Círculo** + ...

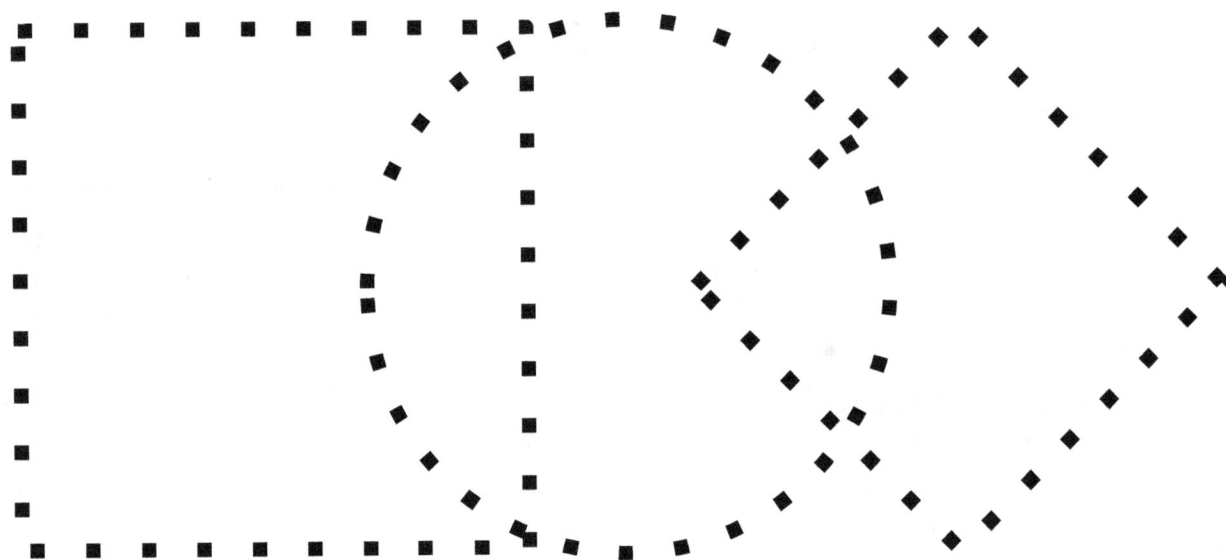

Veintiséis

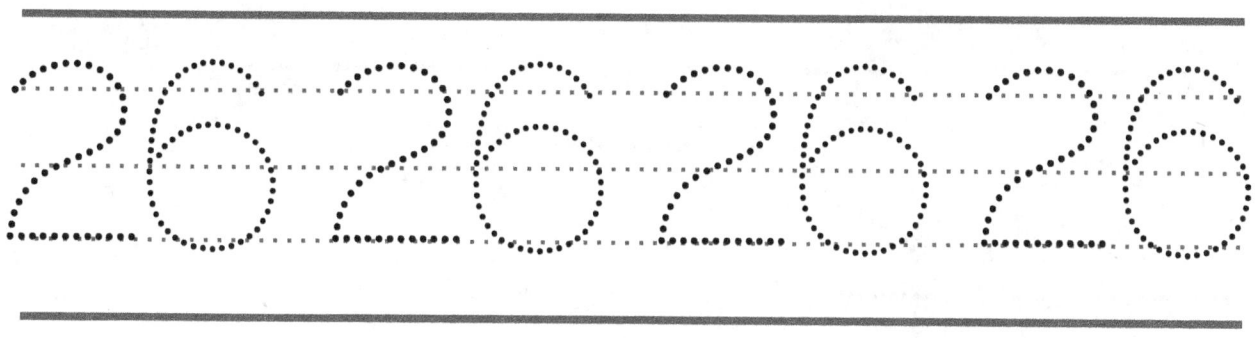

26 26 26 26 26

26 26 26 26 26

26 26 26 26 26

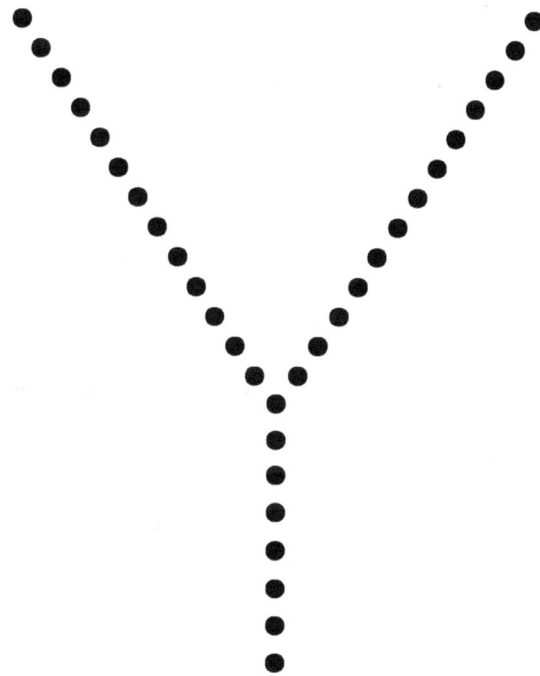

De Yate

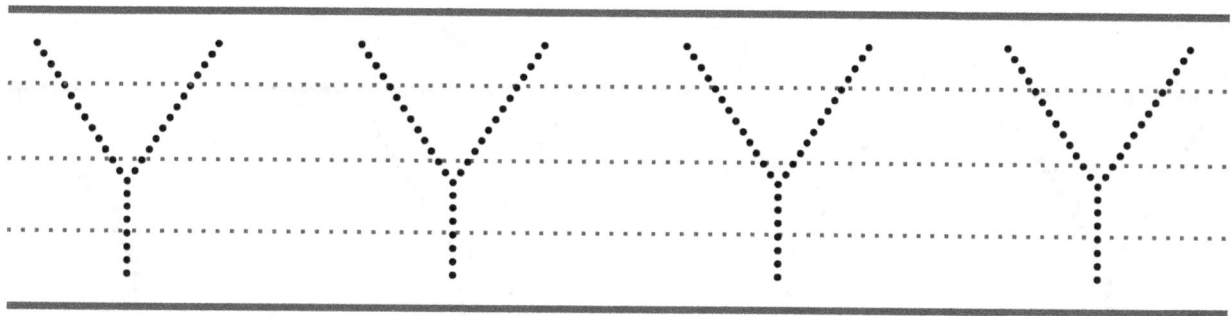

Y Y Y Y Y Y Y Y

Y Y Y Y Y Y Y Y

Y Y Y Y Y Y Y Y

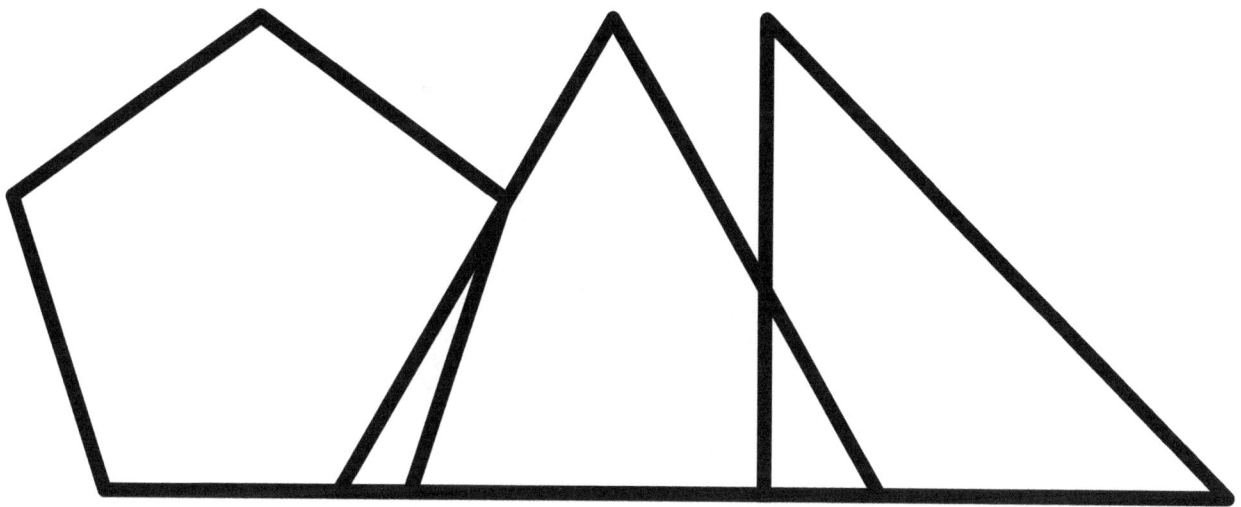

.... + **Triángulo** + ...

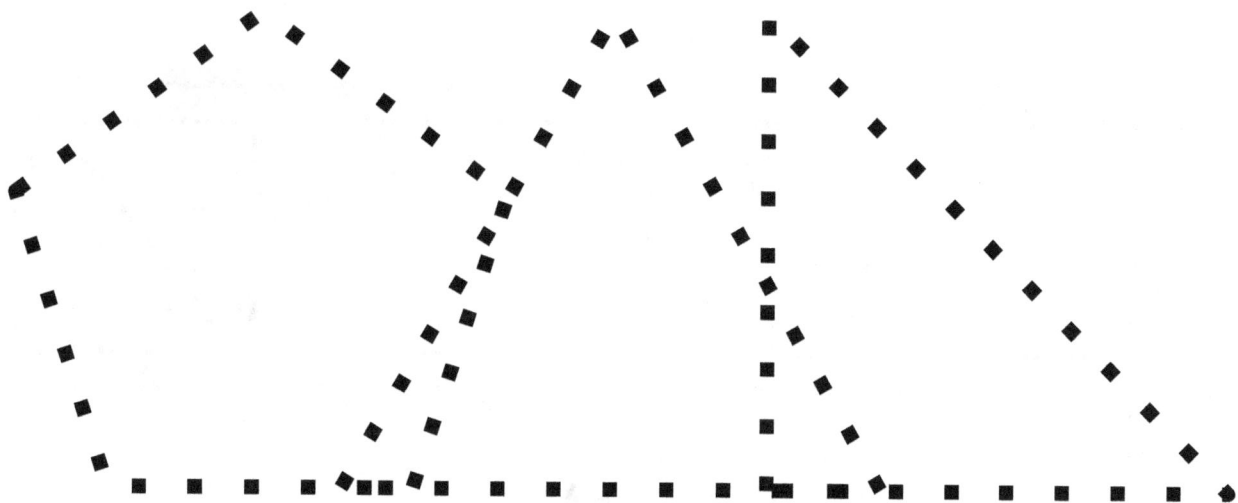

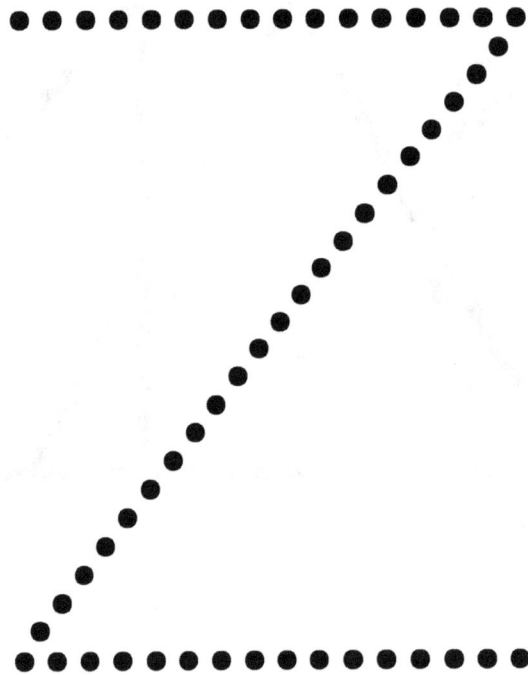

De Zapato

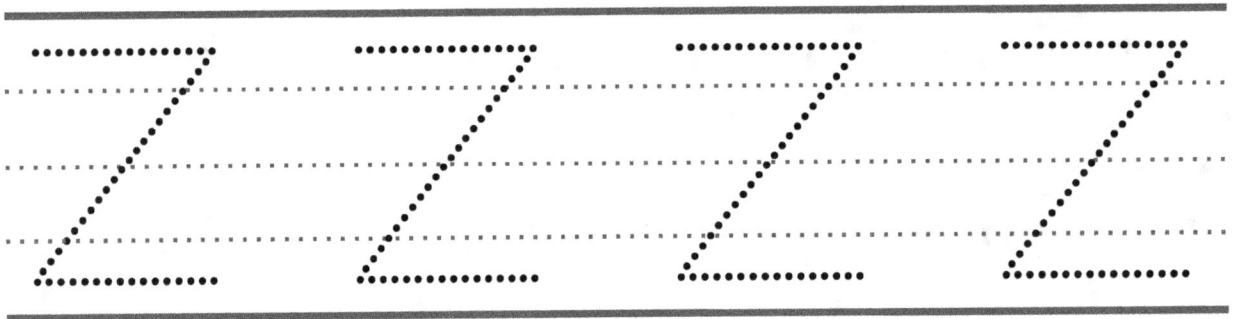

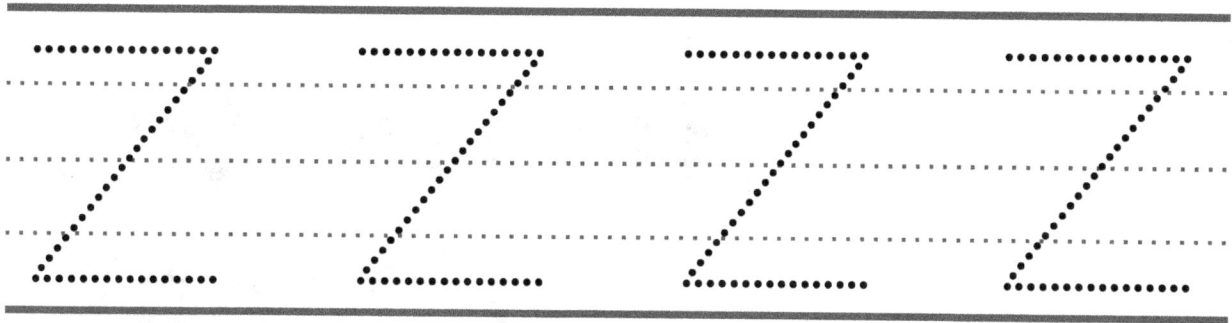

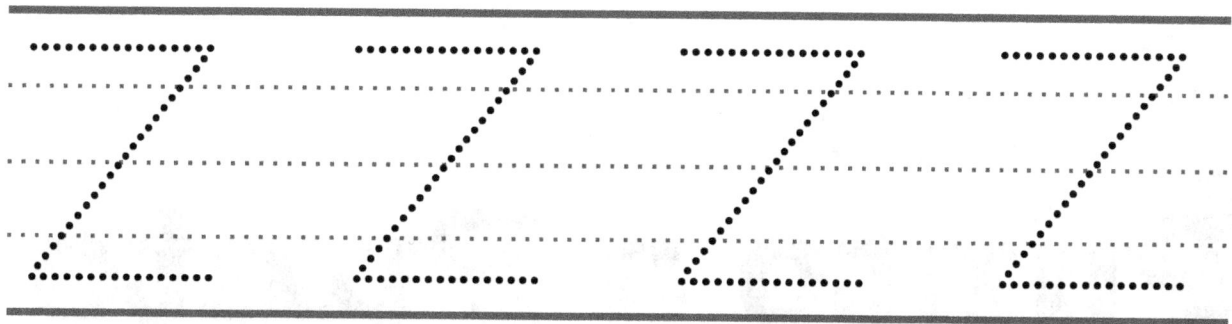

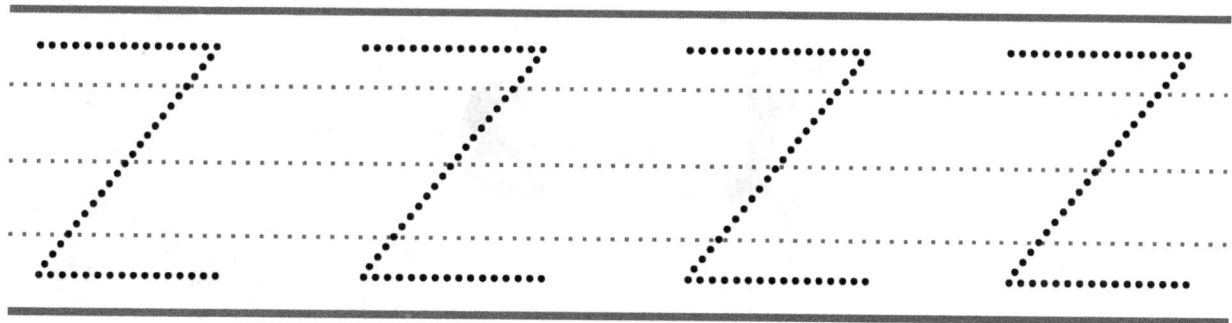

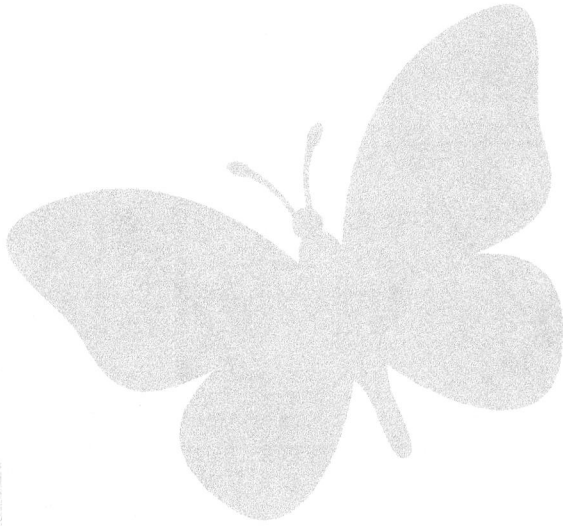

Contenido adicional

Punto a Punto Números 1 - 9

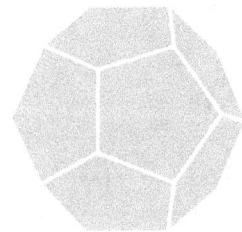

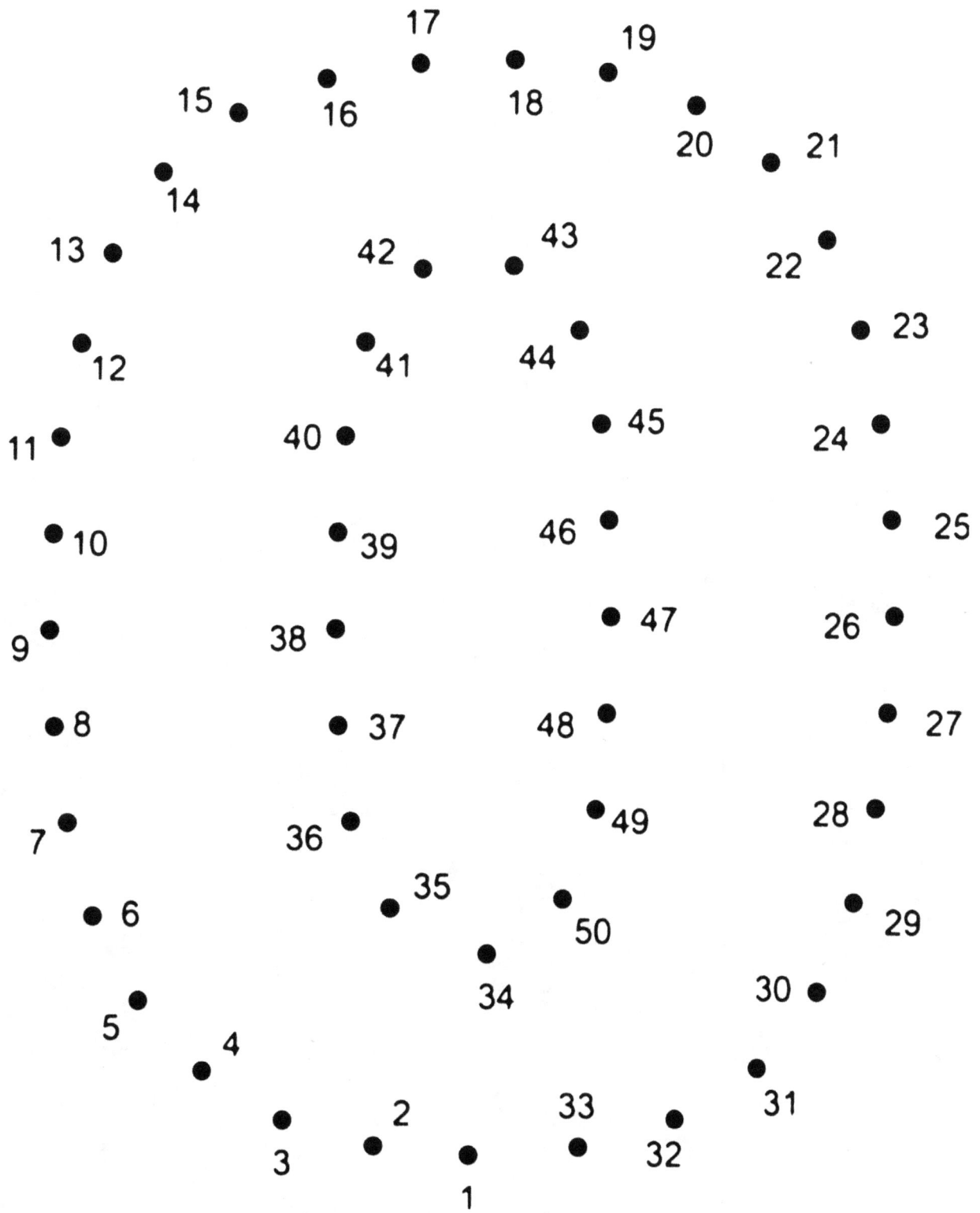

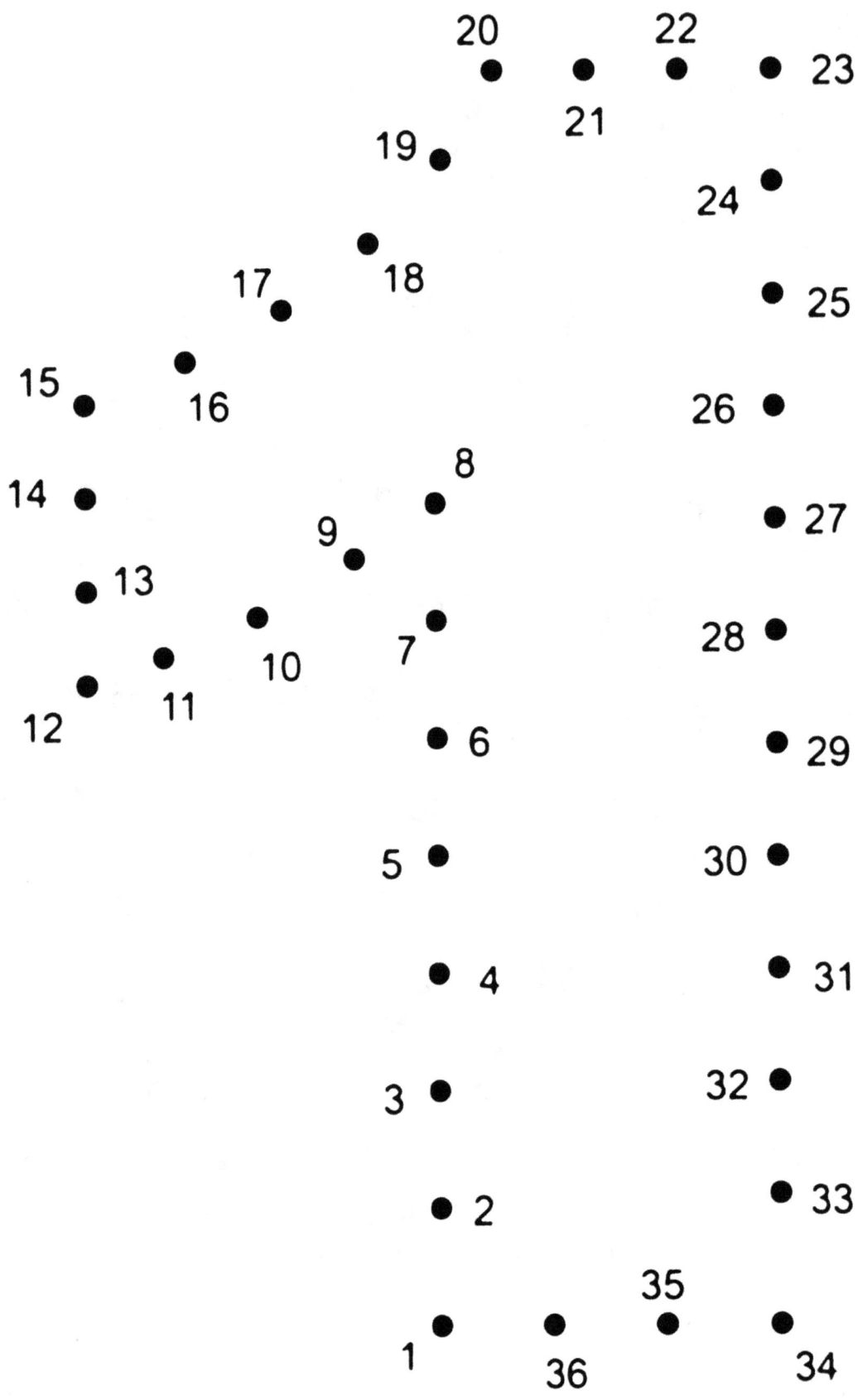

20   22
•   •   22
20   •   23
      21   •
      •

19   •
•

            18
      •   •
17   18
•

      16
15   •
•

            24
            •
            24

            25
            •   25

14   26
•   •   26
      13
13   •
•   8
      9   •   8
10   •   27
•   9   •   27
11   10
•   •
12   11   7   28
•   •   •   •   28
            7

            6
            •   6

                 29
                 •   29

5   30
•   5   •   30

      4   31
      •   4   •   31
            4

3   32
•   3   •   32

      2   33
      •   2   •   33

            35
1   •   35
•   1
      36   34
      •   •   •   34
      36

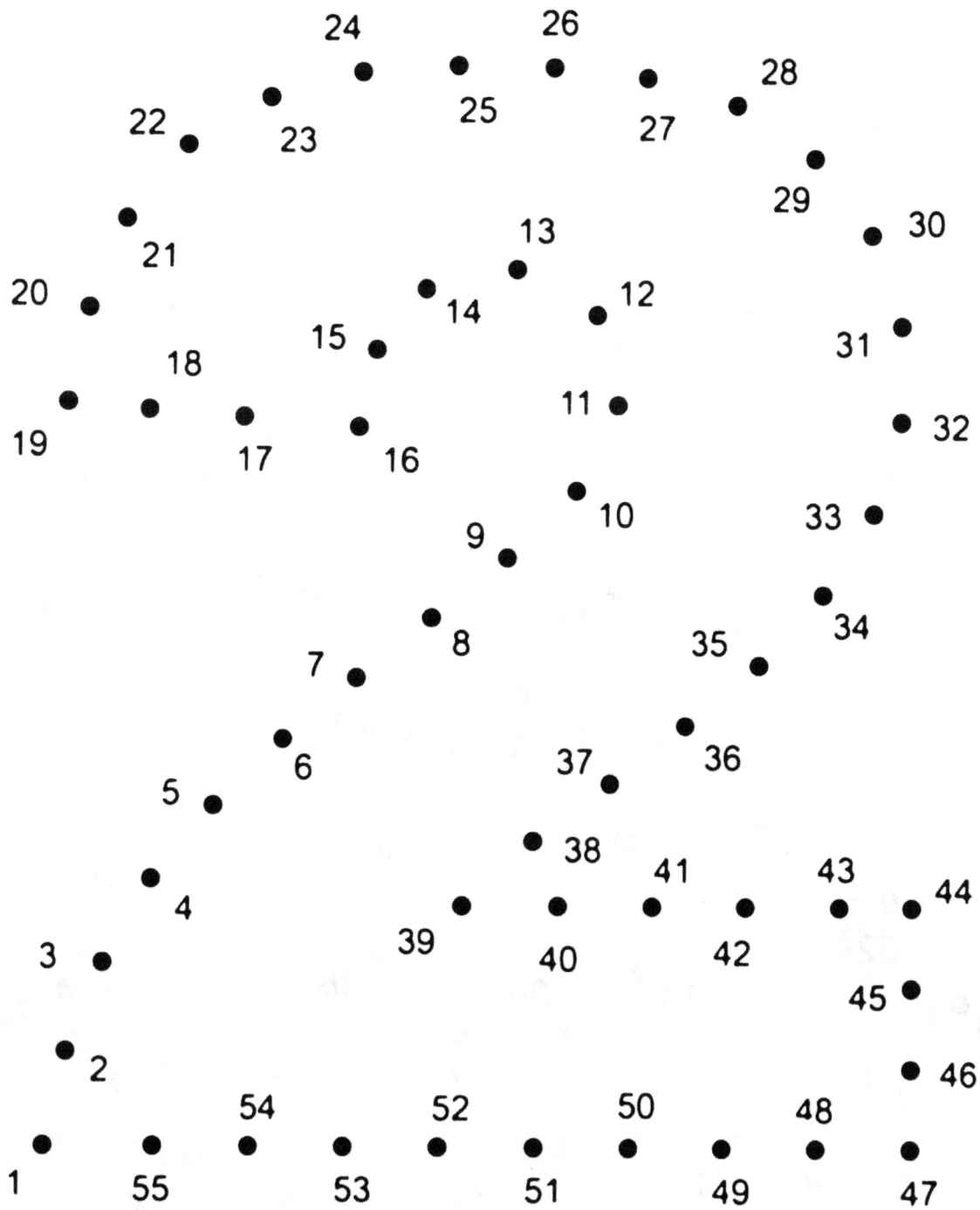

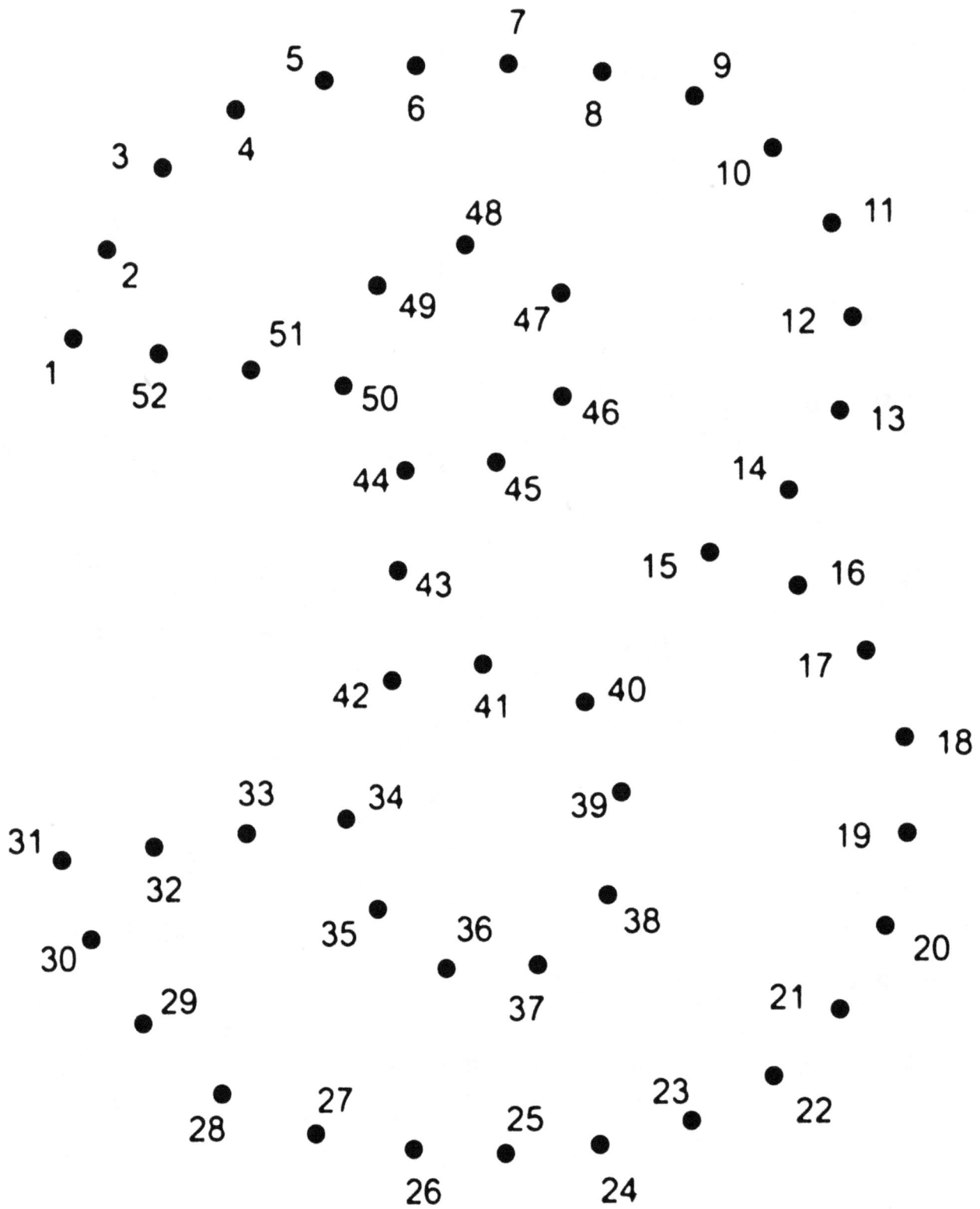

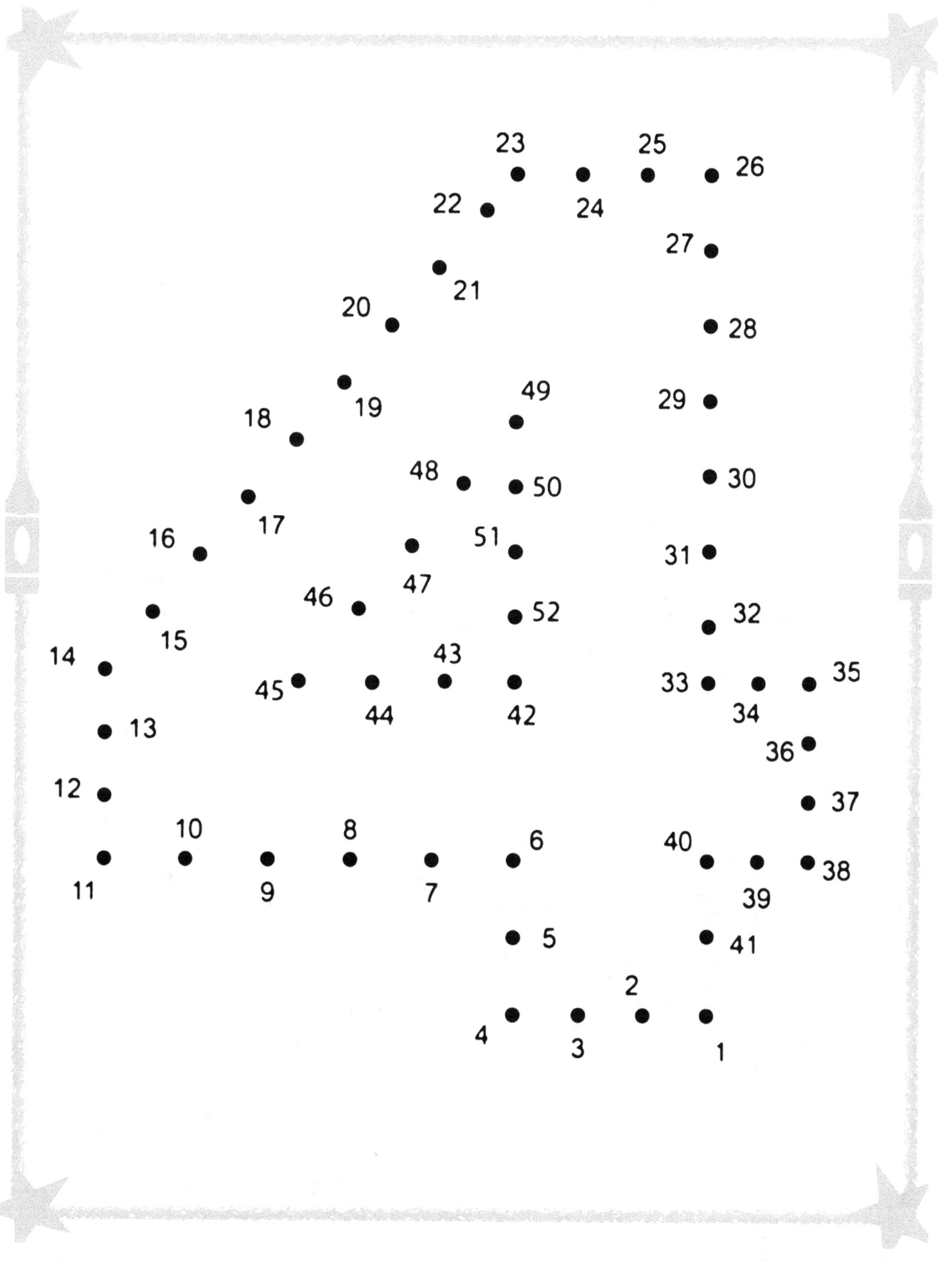

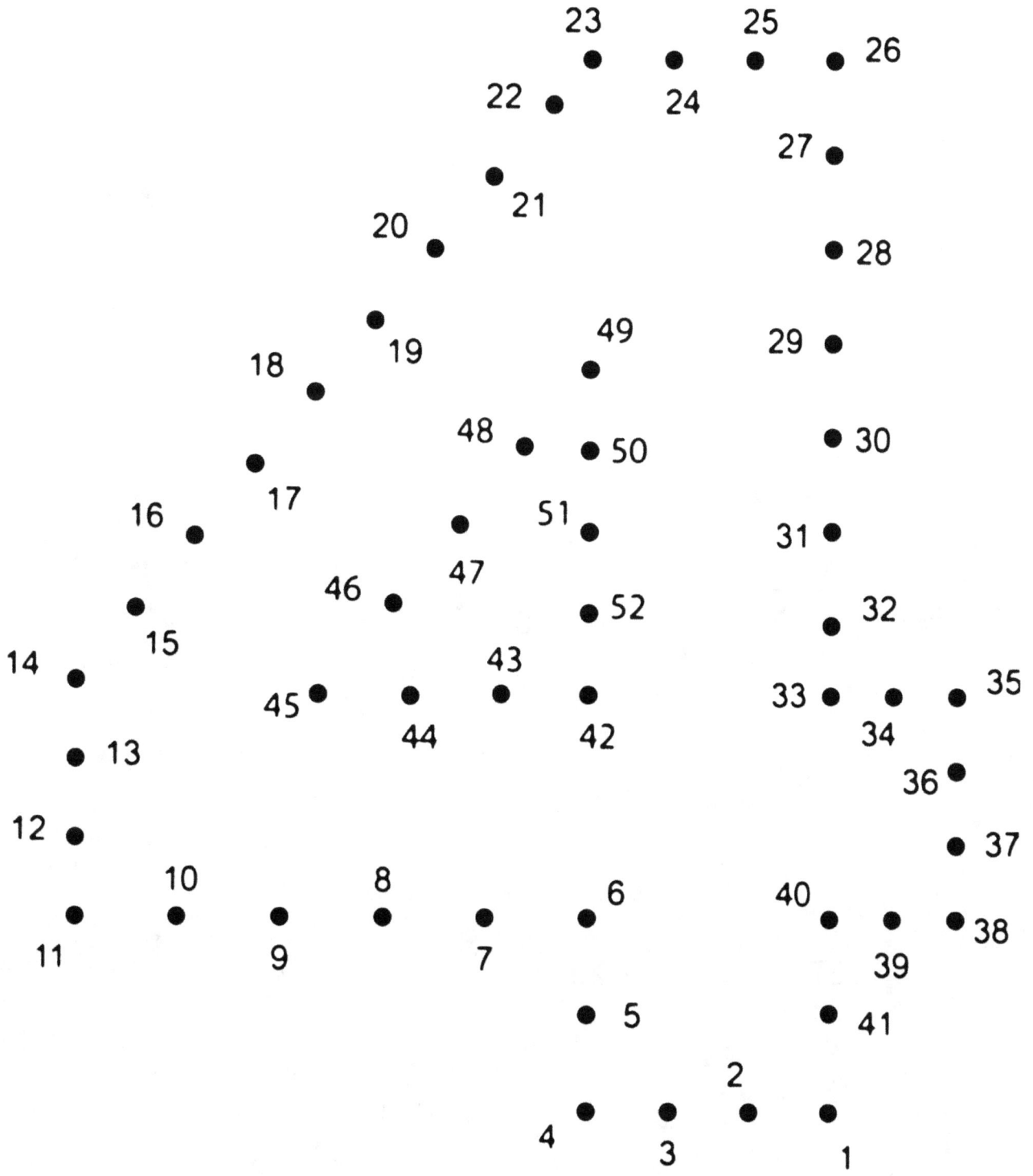

23 •   25 •   26

22 •   24 •

27 •

21 •

20 •   28 •

19 •   49 •   29 •

18 •   48 •   50 •

17 •   30 •

16 •   51 •   31 •

47 •   52 •   32 •

46 •

15 •   43 •

14 •   45 •   44 •   42 •   33 •   34 •   35 •

13 •   36 •

12 •   37 •

10 •   8 •   6 •   40 •

11 •   9 •   7 •   39 •   38 •

5 •   41 •

2 •

4 •   3 •   1 •

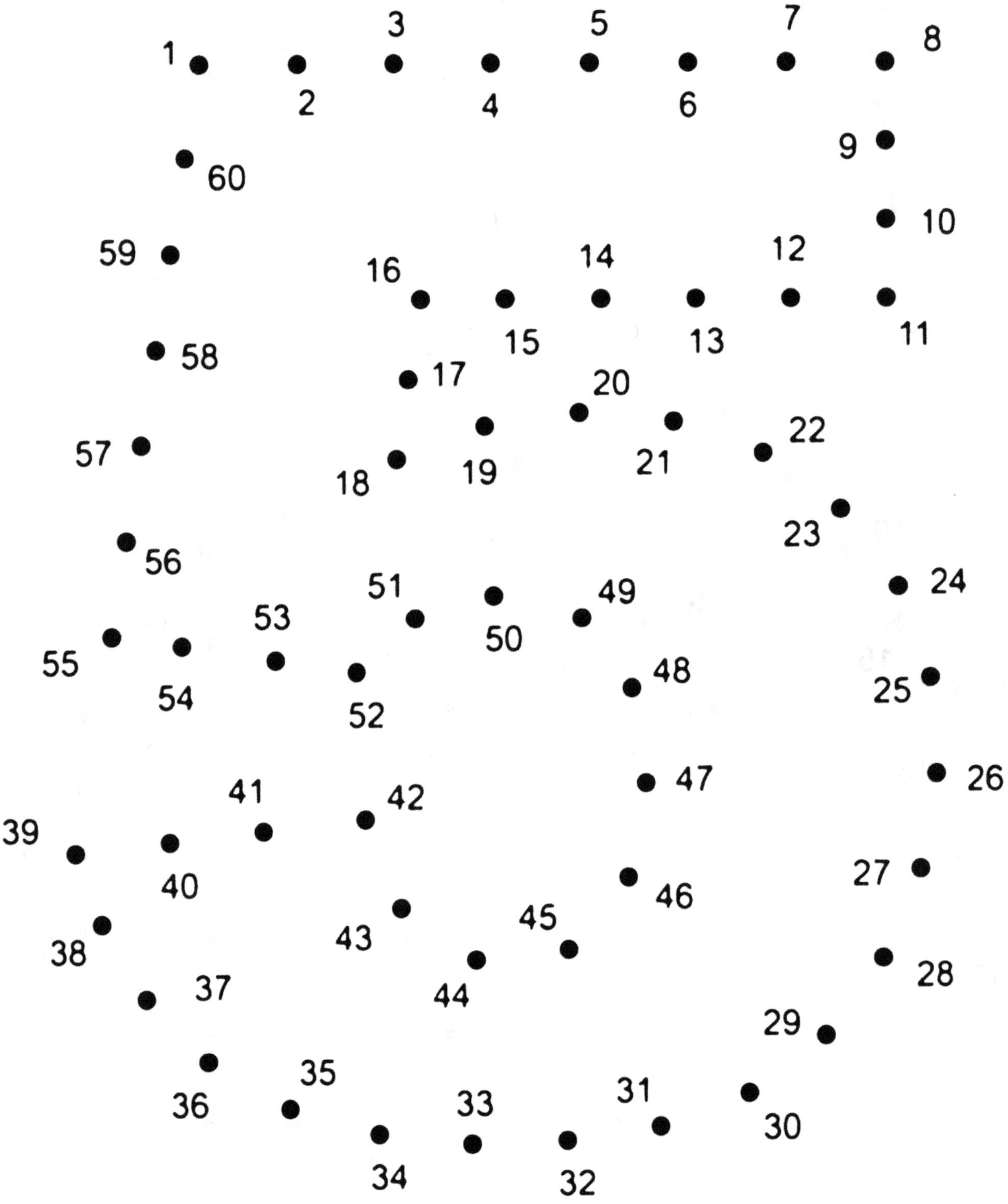
1
2
3
4
5
6
7
8
9
10
11
12
13
14
15
16
17
18
19
20
21
22
23
24
25
26
27
28
29
30
31
32
33
34
35
36
37
38
39
40
41
42
43
44
45
46
47
48
49
50
51
52
53
54
55
56
57
58
59
60

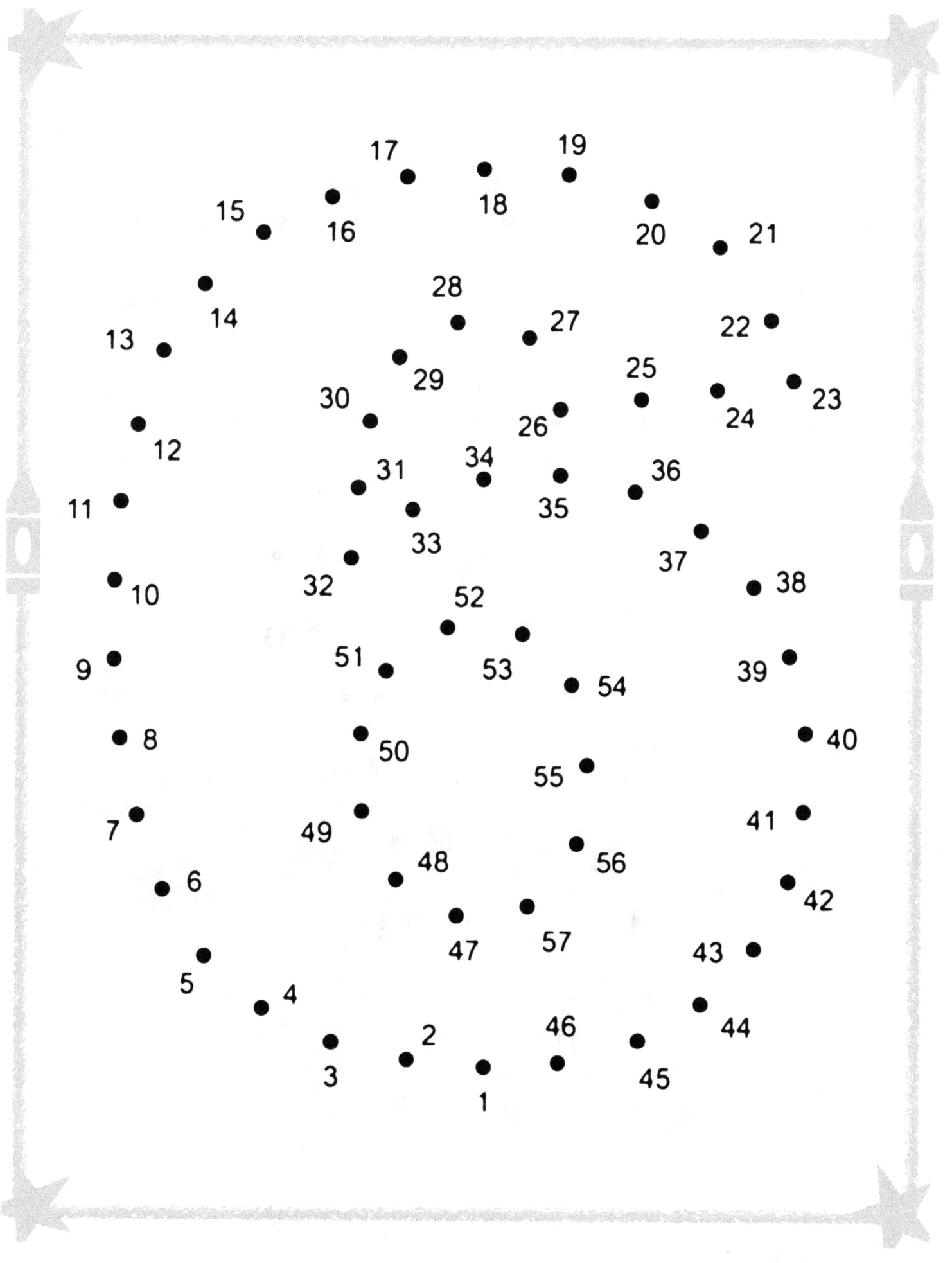

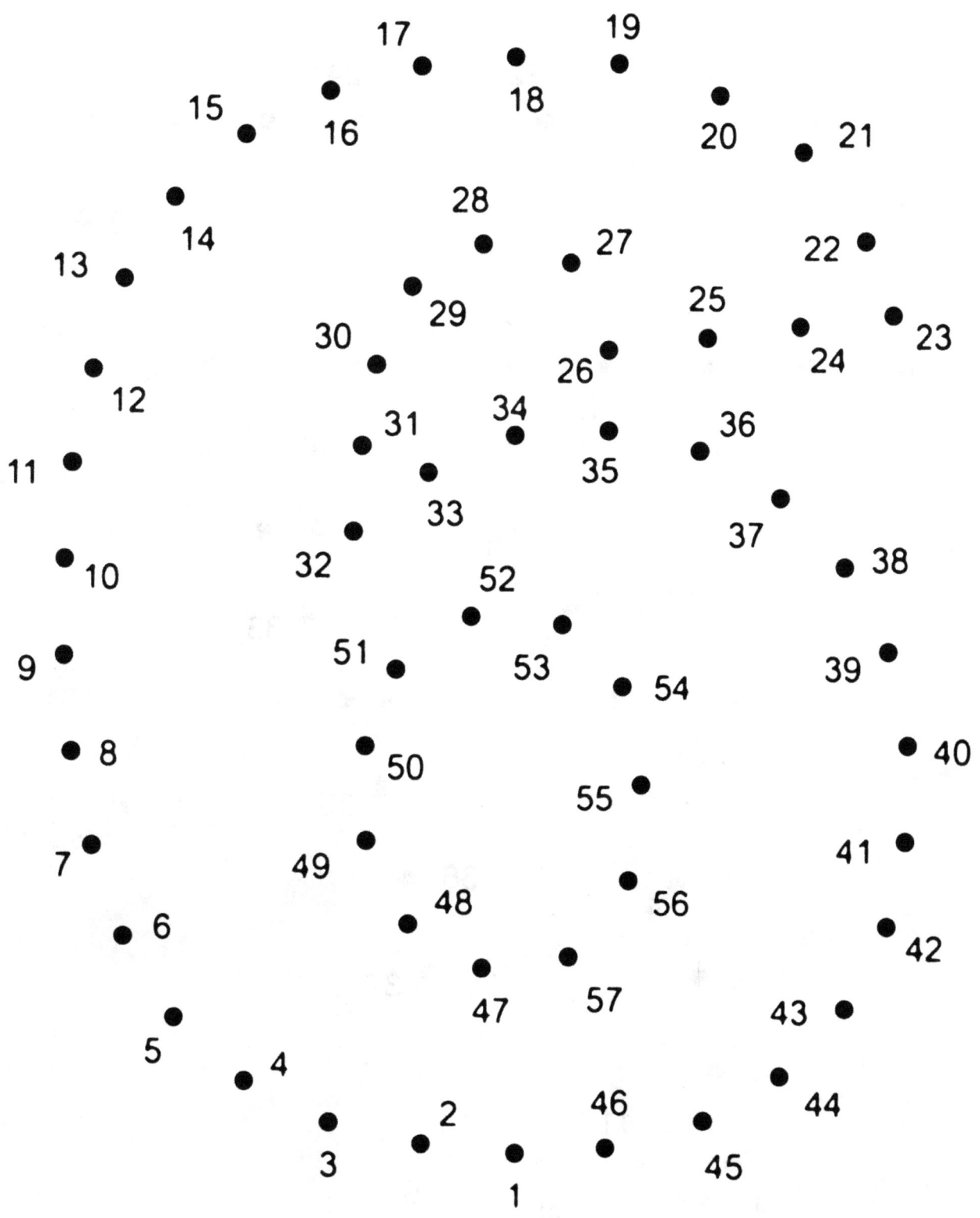

18 20 22 24 26 27

19 21 23 25 28

17

16 29

13 11 10 30

15 14 12 31

9

32

8

33

7

34

6

5 35

4 36

3 37

2 38

41

1 40 39

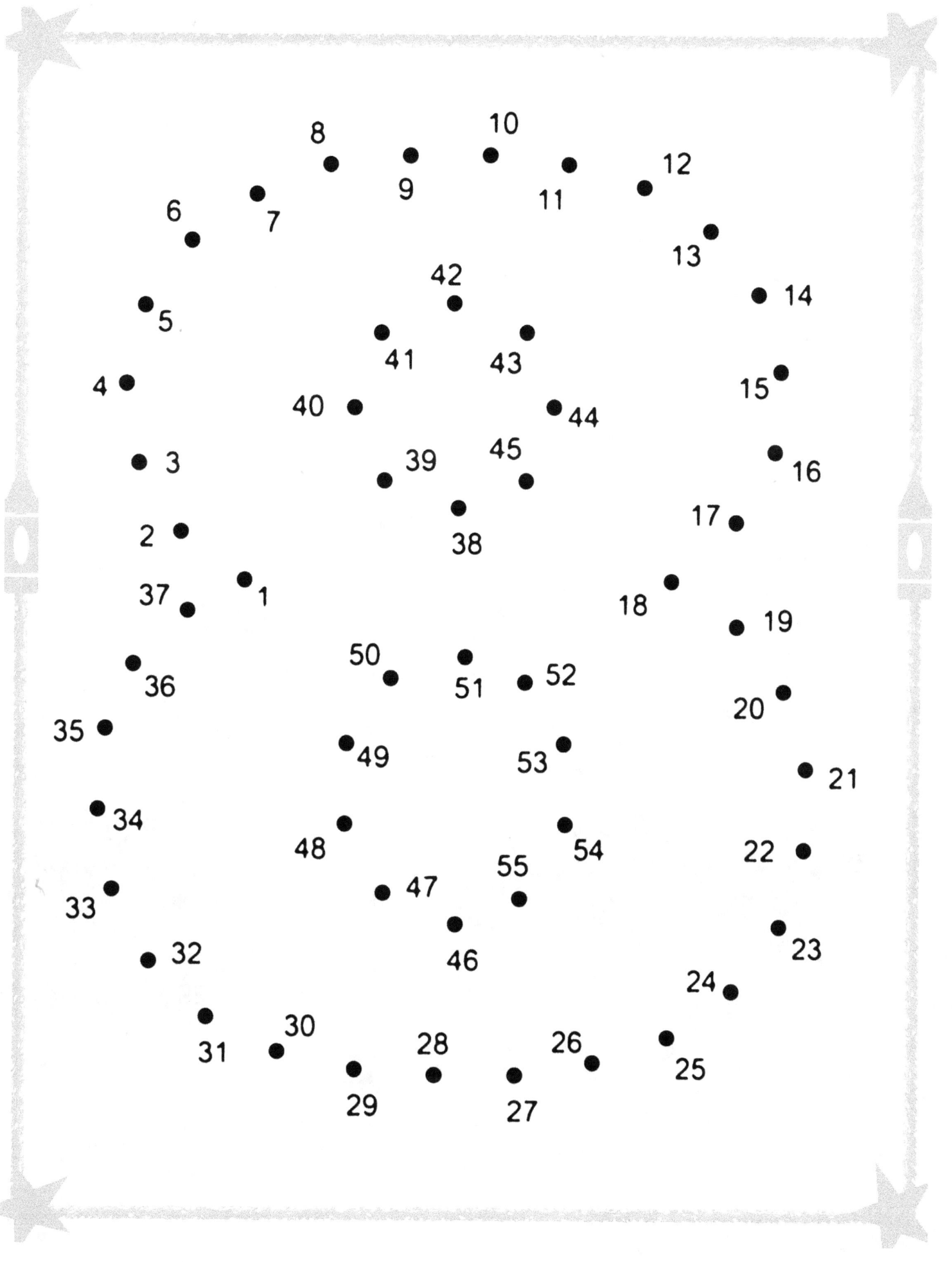

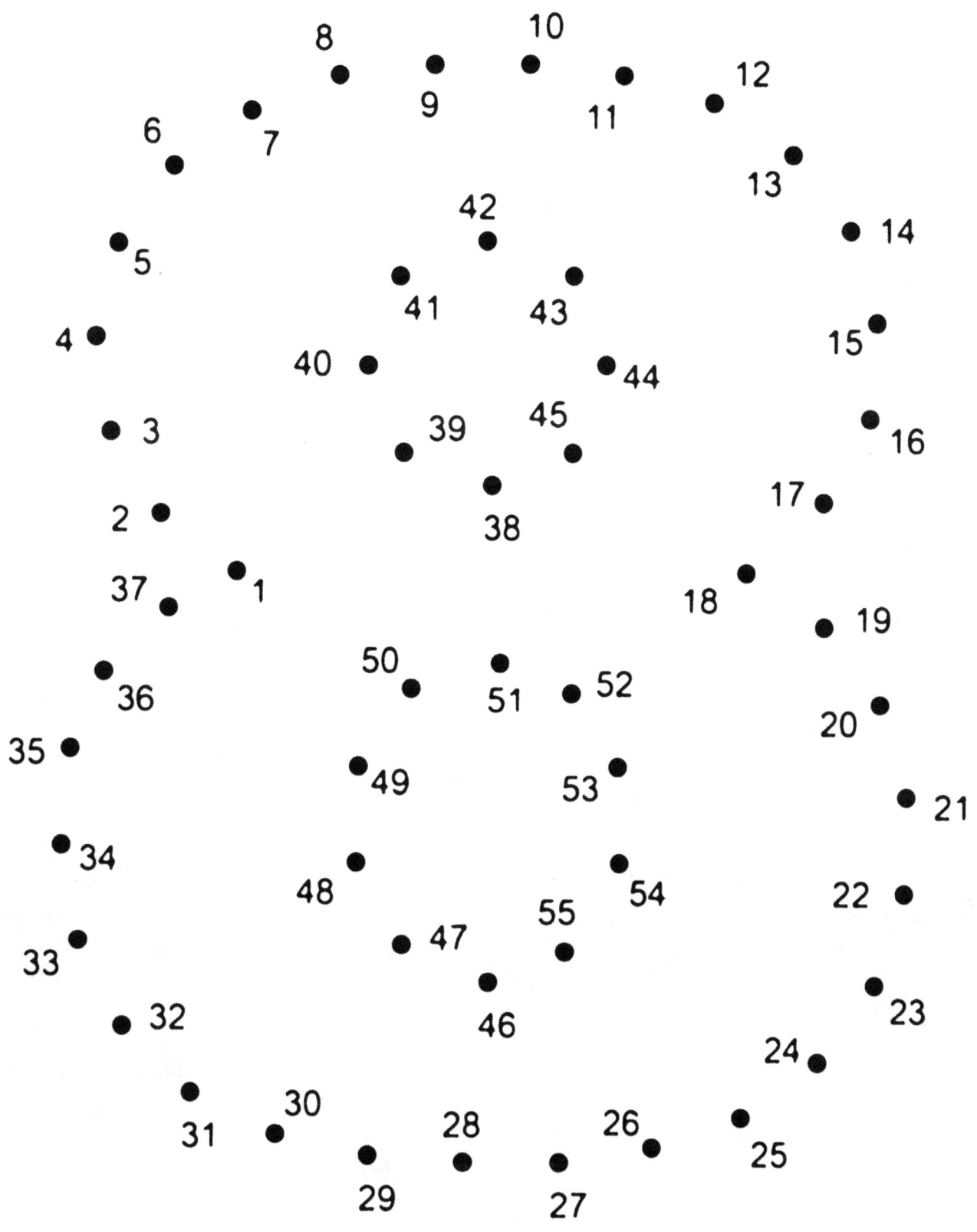

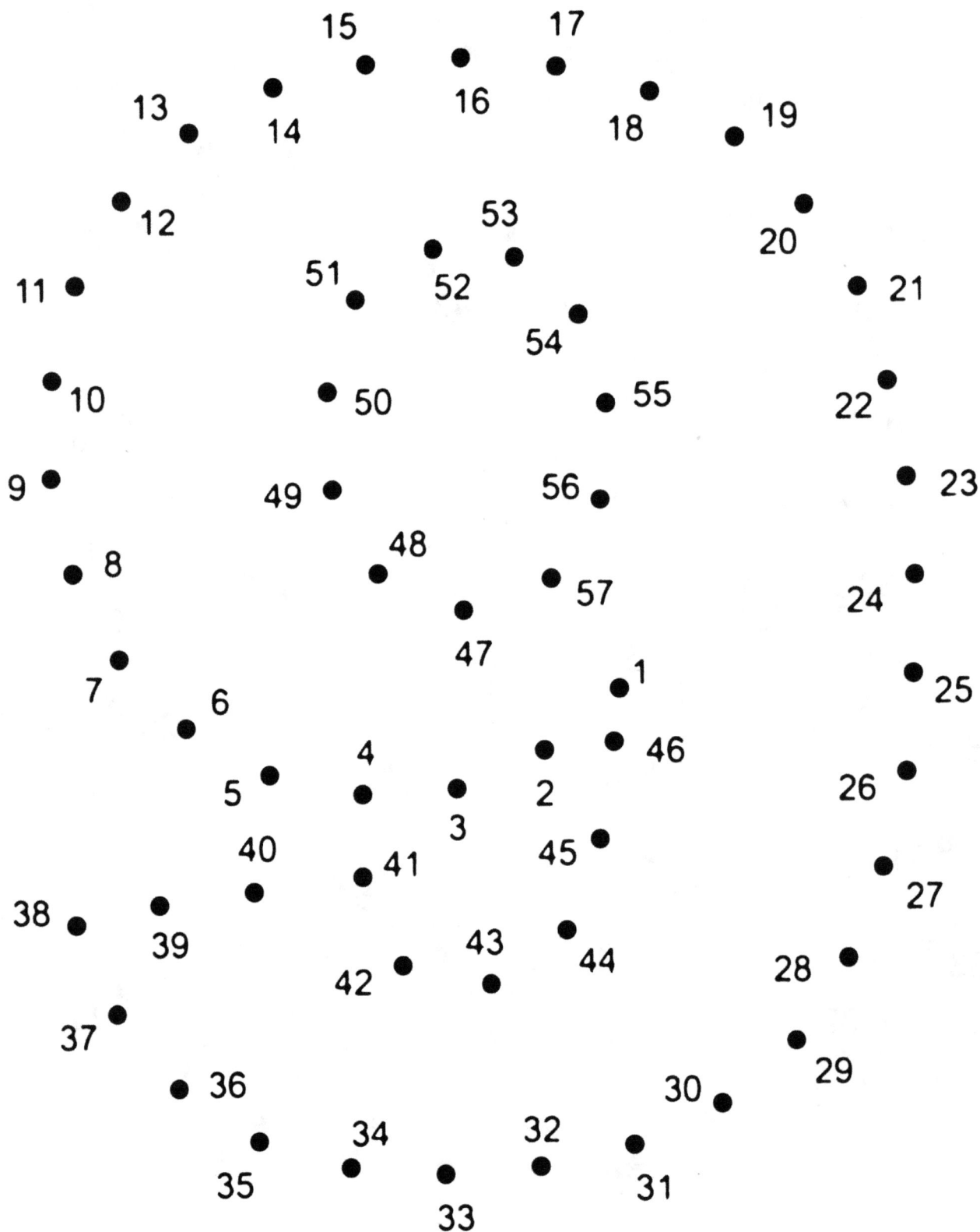

15 17

13 14 16 18 19

12 53

51 52 20

11 54

10 50 55 21 22

9 8 49 56 57 23 24

48 47 1 46 25

7 6 4 5 2 3 45 26

40 41 44 27

38 39 42 43 28

37 36 30 29

34 32 31

35 33

Si disfrutó de este libro de actividades, agradeceríamos sus comentarios positivos. ¡Saludos!

www.ingramcontent.com/pod-product-compliance
Lightning Source LLC
Chambersburg PA
CBHW081631040426

42449CB00014B/3267